질적 연구 101

| 저자 허 균 |

PUKYONG NATIONAL UNIVERSITY PRESS
부경대학교 출판부

| 저자소개 |

허 균 | 서울대학교 교육학 박사 (교육공학 전공)
(현) 부경대학교 수해양산업교육과 교수
2019–2021 한국진로개발학회 회장 역임

질적 연구 101

2022년 2월 28일 초판발행

저 자 | 허 균
발행인 | 장 영 수
발행처 | 부경대학교 출판부
주 소 | 48513 부산광역시 남구 용소로45
전 화 | (051) 629-6914
F A X | (051) 629-6917
E-Mail | upress@pknu.ac.kr

값 17,000원

ISBN 979-11-87263-47-0 93300

들어가며 •••

빅데이타가 주목받고 4차 산업혁명이 일상화가 되는 시대가 되었습니다. 이러한 시대에 연구 방법에 있어서도 혁신이 일어나고 있습니다. 우리가 흔히 아는 정량적인 데이터 뿐만 아니라 텍스트와 같은 정성적인 데이터도 인공지능 기법을 이용하여 연구결과를 표현하고 있습니다.

연구방법론으로 크게 양적연구와 함께 질적연구가 활용되고 있으며, 최근에는 이 두 가지 접근법을 혼합하여 연구자가 가진 연구문제를 해결하려고 노력하고 있습니다. 연구자의 관점에서는 자신이 궁금해하는 문제들을 효과적으로 나타내고 해결책을 제시하는 것에 관심이 있을 것입니다.

본 책은 연구를 준비하는 학생들에게 연구에 대한 기본적인 프레임과 질적연구에 대한 소개를 목표로 연구방법에 대한 기초를 다질 수 있게 기획하였습니다. 이를 위해 연구에 대한 소개, 교육영역에서의 연구, 질적 연구에 대한 기초적인 이해, 근거이론에서 사례연구에 이르는 다양한 질적 연구 유형에 대한 소개, 자신의 질적연구 수행을 위한 기초적인 접근, 연구설계와 자료수집, 질적분석 도구 활용을 위한 코딩하기, 결과 정리하기로 구성하였습니다. 자신의 연구 주제에 대한 고민과 함께 방법론적인 기법을 적용해 나간다면 성공적인 논문 작성에 이를 수 있을 것으로 기대합니다.

이 책이 나오는 과정에서 원고의 교정에 도움을 준 분들께 감사드립니다. 이 자리를 빌어 항상 저를 믿어주시는 어머님께 깊은 감사와 함께 건강을 기원합니다. 그림을 그려주며 도움과 응원을 아끼지 않는 사랑스런 딸들 소연, 수연에게 감사합니다. 아울러, 바쁜 일상에서도 연구 활동을 위해 많은 배려를 해준 아내 정애에게도 고마움을 전하고 싶습니다.

2022년 2월 이기대를 바라보며

저자 **허 균**

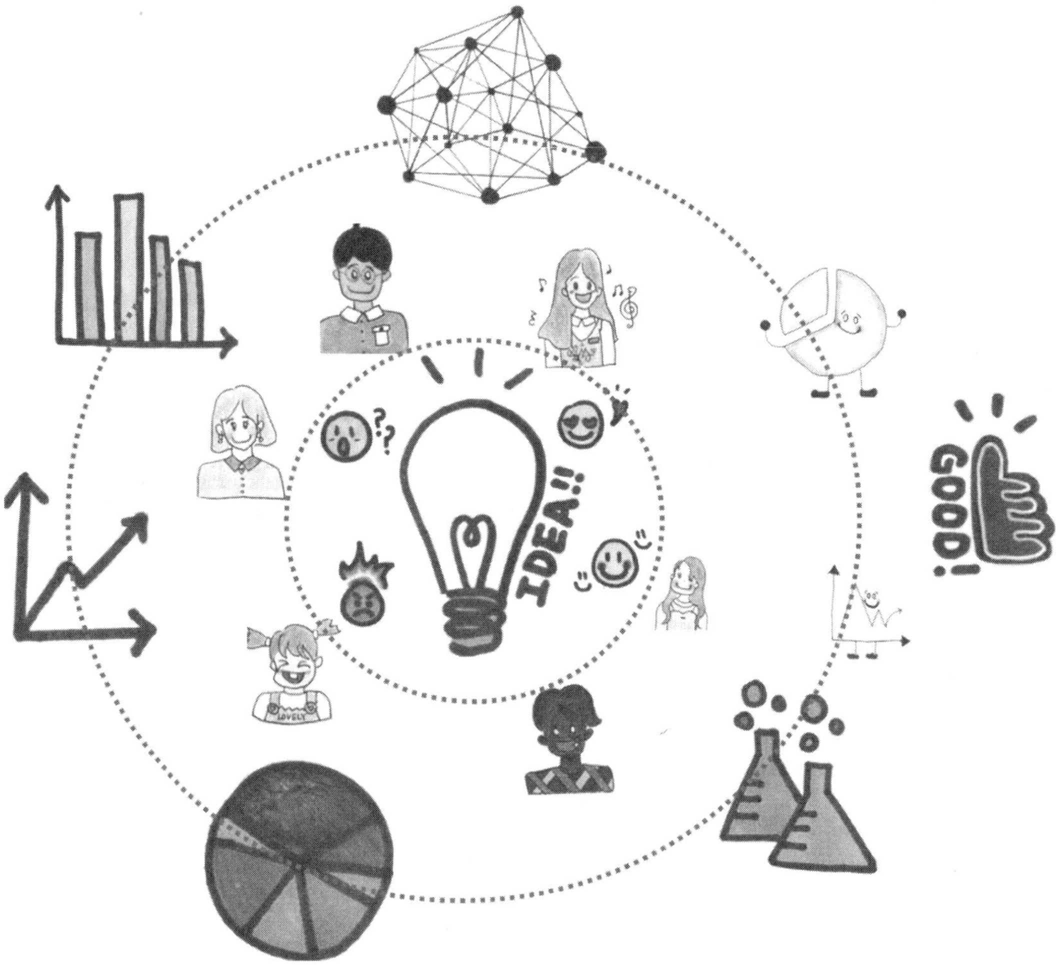
IDEA!!
GOOD!

차 례

들어가며 3

제1장_교육과 연구 9

1. 연구 개념 10
2. 연구 대상과 절차 13
3. 연구 유형 15

요약 18

연습문제 19

제2장_질적 연구의 이해 21

1. 질적 연구의 시작 22
2. 질적 연구의 비교 30

요약 34

연습문제 36

제3장_질적 연구 유형 37

1. 내러티브 연구 40
2. 현상학 43
3. 근거 이론 46
4. 문화기술지 49
5. 사례연구 52

요약 56

연습문제 57

제4장_나의 질적 연구 들어가기 59

1. 연구 주제 잡아보기 61
2. 연구 제목 및 연구 문제 67
3. 미니 연구 계획서 만들어 보기 71

요약 77

연습문제 78

제5장_선행 연구 들여다 보기 81

1. 이론적 배경 구축 필요성 83
2. 선행 연구 유형 84
3. 인터넷 활용 선행 연구 탐색 87

요약 97

연습문제 98

제6장_연구 설계와 자료수집 101

1. 질적 연구에서 연구 설계 102
2. 연구대상과 IRB 106
3. 질적 연구에서 자료수집 114

요약 117

연습문제 118

제7장_질적 연구 코딩하기 121

1. 자료 코드화 하기 122
2. 코딩 과정 예시 124
3. 코딩 구조화 127

요약 129

연습문제 130

제8장_코딩 결과 정리하기 133

1. 코드 빈도수 나타내기 134
2. 매트릭스로 요약하기 137
3. 시각화하기 142

요약 155

연습문제 156

참고문헌 158

Chapter 1

교육과 연구

1. 연구 개념
2. 연구 대상과 절차
3. 연구 유형

제1장

교육과 연구

1 연구 개념

연구는 사전적 의미로 "어떤 일이나 사물에 대하여 깊이 있게 조사하고 생각하여 진리를 따져 보는 일"이라고 정의한다(네이버사전, 2009). 영문사전에는 "Research is work that involves studying something and trying to discover facts about it."(네이버사전, 2009)이라고 정의하고 있다. 사전적 의미로만 보았을 때 연구는 과학자들이 실험실에서 여러 기구들을 이용하여 실험을 하는 장면과는 좀 다른 일반적인 사고 활동으로 생각할 수 있다. 고대 그리스 학자들이나 춘추전국시대의 여러 위인들이 생각하고 만들어낸 여러 아이디어나 격언들도 연구가 될 수 있고, 교실 현장에서 매일 겪는 일상도 연구가 될 수 있는 것이다(허균, 2010 재인용).

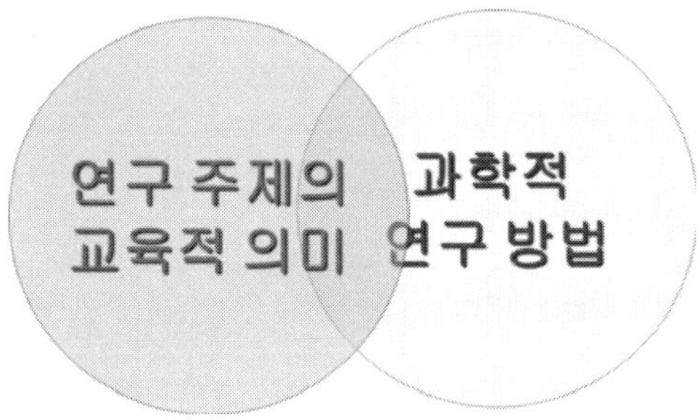

성태제(2006, pp.25-26)는 연구란 과학적 방법에 의해 이뤄진다고 주장한다. 따라서 증거가 없는 지식들을 체계화, 구체화, 논리화 하는 작업이 연구이며 이를 위해 과학적 방법을 사용한다고 한다. 연구가 체계성과 과학적 절차를 무시한다면 연구의 가치가 떨어진다고 주장하였다. 이러한 맥락에서 연구는 어떤 목적을 위해 정보나 자료를 수집하고 분석하는 체계적 절차 (McMillan & Schumacher, 2006) 혹은 가설이나 이론에 의해 유도된 자연현상에 대한 체계적이며 경험적 탐구가 과학적 연구(Kerlinger, 1986)로 정의하였다. 연구에 대한 백순근(2005, pp.13-14)은 연구란 '공적인 활동으로 다른 사람이 활용할 수 있도록 새로운 것을 탐구하는 것'이라고 주장하였다. 반면 공부란 사적인 활동으로 자신의 지식의 폭을 넓히는 활동이라고 비교 설명하고 있다. 또, 교육에서 증거 기반 연구 방법을 정리한 McMillan과 Schumancher(2006)는 연구를 '특정한 목적을 위해 데이터를 수집하고 논리적으로 분석하는 체계적 과정'이라고 정의하고 있다(허균, 2010 재인용).

종합해 보면, 연구란 체계적 방법과 절차를 적용하여 어떠한 문제나 주제를 탐구하는 공식적 탐구활동이라고 정의할 수 있다. 그리고 연구가 설득력을 가지고 다른 사람의 공감을 얻기 위해서는 체계적이고 과학적 혹은 합리적 접근 방법을 사용한다고 정리할 수 있겠다.

교육 연구란 연구의 목적 및 범위 대상 등에 있어 '교육'과 밀접한 관련이 있는 연구라고 잠정적으로 생각해 볼 수 있다(허균, 2010). 이러한 교육 연구 수행을 위해 연구주제, 연구방법, 연구의 실용성의 세 가지 측면의 특징을 고려해 보고자 한다.

먼저, 연구 주제에 있어서 '교육'적 중요성과 의미를 가져야 한다. 교육에 특화된 연구 주제는 다른 특정 주제의 연구들과 비교하여 교육만의 독창성을 갖게 해 준다. 교육 연구자들은 교육에서 접근한 다양한 주제의 교육적 의미를 다룰 수 있는데 이는 심리학자나 과학자들이 다양한 연구를 수행한 후 자신의 영역에 연구 의미를 다루는 것과 차이가 있을 수 있다. 교육 연구자들은 교육적으로 적용 가능한 이론과 실질적인 주제를 바탕으로 연구 주제를 탐색한다. 이로 인해 연구 결과와 해석은 교육적 관점에서 다양한 교육적 의미와 시사점을 줄 수 있다.

둘째, 연구방법에 있어서 '과학적이고 체계적'이어야 한다. 아무리 훌륭한 주제라도 그 주제를 풀어나가는 방법이 보편타당하지 않다면 연구 결과를 쉽게 수긍하기는 힘들 것이다. 따라서 교육에서 과학적 연구방법을 통해 다양한 교육 연구주제의 결과를 도출하고 체계화 시키는 것은 중요한 의미를 지닌다.

셋째, 연구 결과는 '실용적이며 실천가능한 교육적' 의미를 가져야 한다. 교육 연구는 교육과 관련된 이론적 성장 뿐 아니라 현실적인 교육 문제를 비평하고 점검하며 개선할 필요가 있다. 따라서 실제 교육 현실의 문제를 해결하고 도움을 줄 수 있어야 할 것이다. 실질적 교육의 문제를 파악하고, 이를 해결할 수 있는 대안을 제시하는 연구가 될 때 보다 실용적이며 실천가능한 교육 연구가 될 것이다.

2 연구 대상과 절차

2.1 연구 대상

연구의 대상은 다양하다. 교육의 영역이라면, 교육의 주체가 될 수도 있고, 교육을 이루는 구성요소도 될 수 있으며, 현재의 교육 문제나 교육 정책이 될 수도 있다.

교육의 주체가 연구 대상이 된다는 의미는 연구의 대상이 교수자, 학습자, 학부모, 교육행정가 등에게서 발견할 수 있는 특징, 그들 사이의 다양한 문제 등이 연구 문제가 될 수 있다는 뜻이다.

여러 주체들 사이에서 발생하는 문제는 학업성취도 향상을 위한 인지적 접근에서부터 교수학습방법의 효과성문제, 교육 현안 문제, 교육정책 문제 등으로 연구의 대상이 확대될 수 있다.

교육학 내의 여러 연구 영역들은 각 주제 영역에 따라 독특한 측면이 있지만 '교육'이라는 공통 분모를 가지고 있어 여러 연구영역들이 겹치기도 한다. 예를 들면, 교수자의 교수학습능력을 신장 방안을 탐색하기 위해 교육공학 영역에서 탐구를 시작하였다가도 학습자들의 자기효능감, 학업성취도, 동기요인 등의 심리적 변인에 관심을 가져 교육심리영역의 연구들을 참조할 수 있으며 이러한 구체적 연구를 바탕으로 자신의 교과교육의 구체적 상황에 연구를 적용시킨다.

2.2 연구 절차

교육 연구의 절차는 교육 연구방법의 이론과 실제(허균, 2010)의 교육학 연구 중 교육학 연구 절차의 부분을 참고하여 기술하였다. 이에 따르면 대부분의 연구는 '서론-본론-결론'의 구조를 가진다. 교육 연구도 일반적 절차를 따를 것이다. 아래 그림은 이러한 교육 연구의 절차를 좀 더 상세히 나타내었다.

먼저, 문제파악, 문헌조사, 연구문제의 일련의 단계를 들 수 있다. 문제파악 단계는 연구자의 관심 문제나 핵심 문제를 파악하는 단계이다. 연구자가 알고 싶은 것이 무엇인지 파악해 보는 단계라고 볼 수 있다. 이는 문헌조사나 선행연구를 통해 문제가 나타날 수도 있다. 연구문제 단계에서는 최초에 가졌던 막연한 궁금증을 연구를 위한 질문 즉 구체적인 연구문제나 가설로 발전시키는 단계라 할 수 있다.

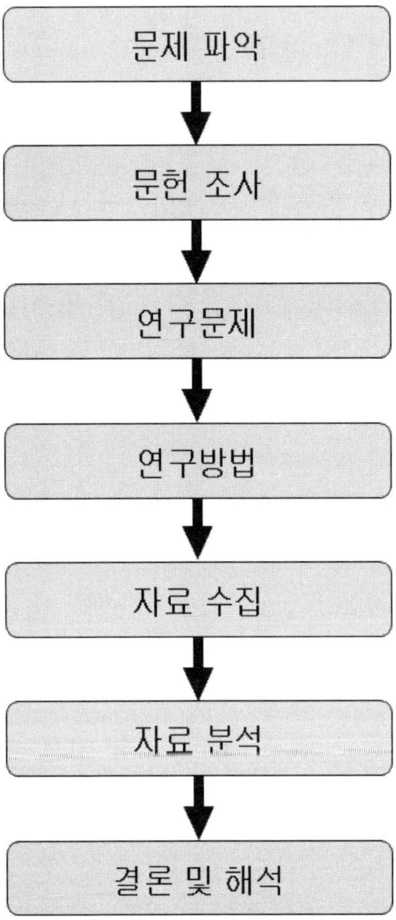

〈그림 1-2-1〉 교육 연구 절차(허균,2010)

다음으로 연구 방법, 자료수집, 자료분석의 일련의 단계이다. 연구방법으로 양적 혹은 질적 연구 방법을 고민하게 되고, 구체적으로 실험연구, 조사연구, 문헌연구, 관찰연구 등을 고민한다. 연구문제와 가장 적합한 것을 선택한다. 연구방법이 정해졌다면 이에 맞는 자료 수집과 분석을 실시하게 된다.

마지막으로 결론 및 해석 단계이다. 분석되어진 결과를 바탕으로 연구문제에 비춰 해석, 논의 및 결론을 도출한다.

교육 통계는 자료 수집, 분석 및 이후 단계의 결론 및 해석에 도움을 줄 수 있다(허균, 2010).

3 연구 유형

교육 연구는 연구방법이나 접근 방식, 연구의 성격에 따라 여러 가지 연구유형을 가진다. 연구의 목적이 같더라도 수집하는 데이터에 따라서 양적연구와 질적연구로 구분할 수 있으며, 연구의 성격에 따라 기초연구, 응용연구, 평가연구, 실행연구로 구분되기도 한다. 이후 내용은 허균(2010)의 내용을 바탕으로 재구성되었다.

양적연구	질적연구
Large Sample	Small Sample
Theory Testing	Theory Development
Generalizability	Reflexivity
Causality	Transferability
Reliability	Credibility
General	Specific
Measurability	Context Richness

양적 연구는 실세계가 하나가 존재한다는 철학적 관점을 가지고 있다. 따라서 진리는 오직 한 가지가 존재하고 잘 고안된 측정도구에 의해 밝혀내는 것이 중요하다고 생각한다. 따라서 연구의 목적도 변수들 간의 관계를 측정 도구를 통해 밝혀내어 일반화 하는 것이다. 이를 위해서는 연구자는 연구 도구를 활용하여 편견을 제거하고 객관적 관점을 유지하는 것이 중요하다. 연구 유형은 조사연구, 관찰연구, 인과관계연구, 상관연구, 실험연구, 준실험연구 등이 있다. 예를 들어 '학습내용 제시 유형에 따른 멀티미디어 활용이 학업성취도에 미치는 영향' 이라는 연구를 생각해보자. 이 연구는 학습내용 제시 유형, 멀티미디어 활용 여부 등을 유사 실험실 상황으

로 설계하고 학업성취도 결과를 비교함으로써 연구 결과를 제시할 것으로 기대된다. 이러한 연구 유형의 연구방법은 양적 연구 방법을 사용할 것으로 생각된다.

〈표 1-3-1〉 교육 연구에서 양적 연구와 질적 연구 비교1

준 거	양적 연구	질적 연구
세계관	논리실증주의 (하나의 실체가 존재)	구성주의 (다양한 실체 존재)
연구 초점	일반화	맥락 이해
연구유형	서술연구(조사연구, 관찰연구) 상관연구(인과연구) 실험연구, 준실험연구 등	문화기술연구 역사연구 내용분석 질적사례연구 근거이론 기반 연구 등

질적 연구는 다양한 실세계가 존재할 수 있다는 구성주의적 철학에 기초한다. 따라서 진리라는 것은 사회의 구성원의 다양한 관점에 따라 다를 수 있으며 연구 참여자의 다양한 관점에 따라 사회 현상을 이해하는 것이라고 주장한다. 따라서 연구의 목적도 사회 구성원의 다양한 관점을 이해하는 것이고 이를 위해서 연구자는 연구 대상자들의 다양한 관점 속에 몰입하여 주관적 관점을 여러 맥락에 맞게 진술하는 것이 중요하다. 예를 들어 '북한 이탈 청소년의 문화적응 과정 분석 사례'라는 연구를 생각해 보자. 이 연구는 북한 이탈 청소년이 어떠한 상황에서 문화에 적응하는지 각 사례가 중요하며 서로 다른 상황에서 연구자가 연구대상자의 관점을 여러 맥락에 맞게 주관적으로 진술하는 것이 중요하다. 이를 통해 여러 사람들이 북한 청소년의 문화적응 관정에 대해 이해하는 것이다. 이러한 연구 예의 방법은 질적 접근으로 연구를 진행할 가능성이 크다(허균, 2010).

〈표 1-3-1〉은 양적 연구와 질적 연구의 차이점을 여러 연구자들이 제시한 연구 준거(McMillan & Schumacher, 2006, p.12-13)에 맞게 재구성한 것이다.

연구자에 따라서는 교육학 연구를 연구의 기능(functions)에 따라 기초연구, 응용연구, 평가연구, 실행연구로 구분하기도 한다(성태제, 2006; McMillan & Schumacher, 2006; 허균, 2010 재인용).

첫째, 기초 연구(pure research, fundamental research)란 '일반적이고 근원적인 원리를 제공하는 이론'을 설명하거나 밝히는 연구를 말한다. 말 그대로 기초가 되는 연구인 셈이다.

둘째, 응용연구(applied research)란 특정한 영역에서 이론을 적용하고 실행하며 개발하고 개선할 목적으로 이뤄진다. 의학 연구, 공학연구, 교육학 연구 모두 응용연구에 속하는 것이다.

셋째, 평가연구(evaluation research)라는 것은 특정 실행 활동 즉 프로그램이나 성과물, 과정 등에 초점을 둔 연구이다. 실행 활동들의 장점, 단점, 가치 등을 파악함으로써 또다른 의사결정과 정책결정에 도움을 줄 수 있는 연구다.

넷째, 실행연구(action research)란 교육 현장에서 교육을 실행하는 주체인 교사가 연구활동에 중요한 영향을 끼치는 연구다. 이용숙 등(2006, p.21)은 "실행 연구를 실시하는 당사자인 전문 연구자와 교사가 협력하거나 행위 당사자인 교사가 모종의 개선을 실제로 행하면서 연구를 수행하는 것"이라고 제안하고 있다. Miles는 "교수학습 상황에서 교사 연구자, 교장, 장학사, 그 밖의 관련 인사가 학교가 어떻게 돌아가는지, 그들이 어떻게 가르치는지, 그리고 학생들이 얼마나 잘 배우는지에 관한 정보를 수집하기 위해 행하는 모든 체계적인 탐구활동"으로 정의하고 있다(강성욱 외 역, 2005, p.28).

1장 요약

교육 연구 개념

교육 연구란 연구의 목적 및 범위 대상 등에 있어 '교육'과 밀접한 관련이 있는 연구라고 잠정적으로 생각해 볼 수 있다(허균, 2010).

연구 대상과 절차

교육의 주체
교육을 이루는 구성요소
교육 문제나 교육 정책 등..

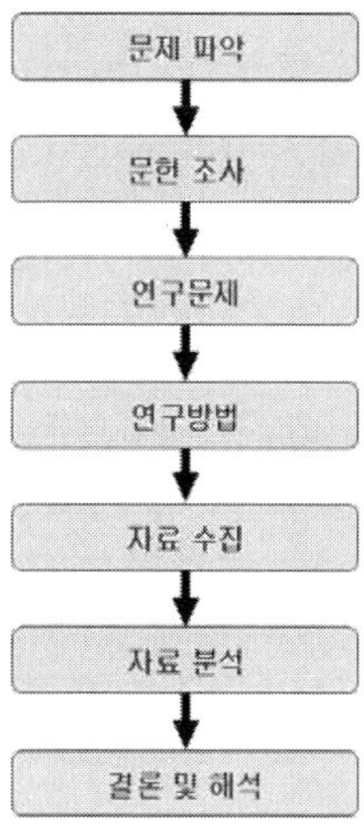

연구 유형

- 양적연구 vs 질적연구
- 기초연구, 응용연구, 평가연구, 실행연구

1장 연습문제

1. 교육 연구의 의미를 3가지 특성을 중심으로 기술하시오.

2. 교육 연구 절차를 기술하고 설명하시오.

3. 교육 연구의 유형을 설명하시오.

메모

Chapter 2

질적 연구의 이해

1. 질적 연구의 시작
2. 질적 연구의 비교

제2장 ●●●

질적 연구의 이해

1 질적 연구의 시작

교육 연구의 많은 연구들은 인문사회학의 부류에 속하면서도 과학적 연구방법을 활용하고 있다. 대표적으로 실험연구, 가설검증 등은 과학적 연구방법을 사회과학에 적용한 것이다. 우리가 살펴볼 수 있는 많은 연구들은 사회과학적 연구방법에 기반한 통계기법을 활용한 양적 연구들이다. 그리고 많은 학위 논문들이 양적 연구를 기반으로 작성되고 있다.

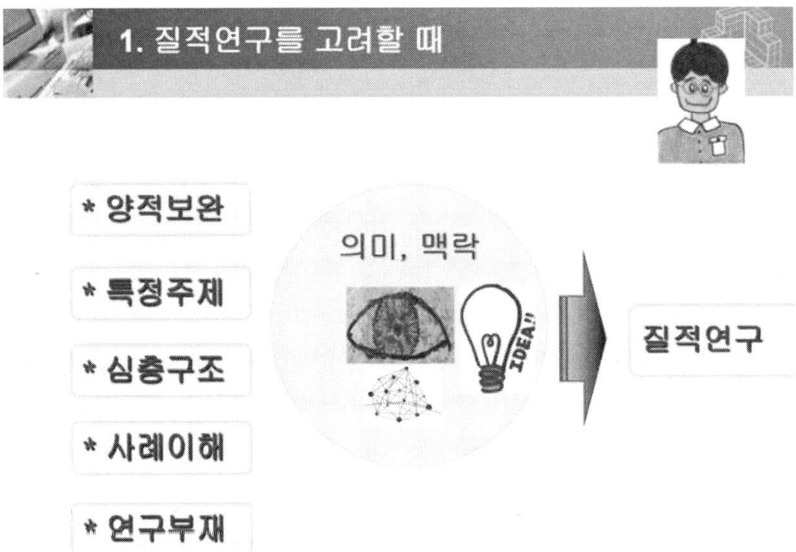

최근에는 많은 연구자들이 질적 연구 방법에 새로운 관심을 가지고 있다. 양적 연구와 다른 쪽에 관심을 갖는 연구자들은 '실제적인 문제는 무엇인가', '정말 그러

한가' 등의 근본적인 문제에 의문을 가졌다. 이러한 문제를 해결하기 위해서는 양적 연구에서 흔히 실행하는 실험이나 인과분석의 통계적 결과들이 '실제적인 문제'를 해결하지는 못한다고 생각하였다. 관점에 따라서는 연구자의 주관이나 해석이 더욱 중요하게 된 것이다. 질적 연구 방법은 대안적 연구방법으로 인식되고 대상을 보다 심도 깊게 이해하는 목적으로 실시되고 있다.

연구자의 관심에 따라 양적연구와 질적 연구를 통합하여 연구문제를 규명하려는 노력도 이뤄지고 있다. 이러한 근본적인 원인은 양적 방법이 객관적인 결과만 강조한다면 질적 방법은 보다 깊이 있는 이해를 더 해 주기 때문이다.

질적 연구의 시작은 다양한 이유가 있겠지만 대체로 이러한 이유로 시작한다. 설문조사나 실험연구 등의 측정이나 일반화로 밝히기 어려운 문제를 해결하기 위해 질적연구가 대안이 되기도 한다. 최근에는 처음부터 혼합형연구를 설계하기도 한다.

❶ 양적 연구의 보완

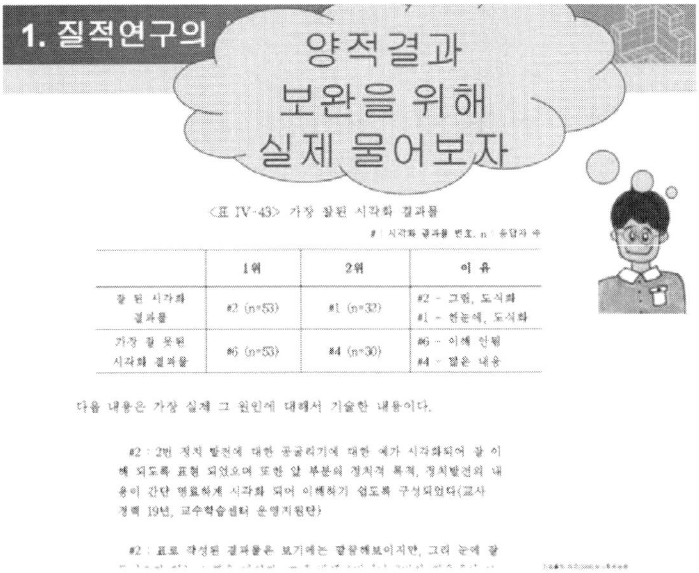

당연한 이야기겠지만 양적 결과가 부족하다면 질적 연구 형식을 빌어 왜 그랬는지 물어볼 수 있겠죠. 그리고 이를 연구 결과에 보고할 수도 있습니다. 애초 여구 시작단계에서 양적인 부분과 질적인 부분을 고려한다면 혼합연구로 연구방법을 설계할 수 있습니다. 이러한 유형의 논문들을 찾아 읽어 보시고 어떠한 방식으로 했는지 살펴봐 주세요.

❷ 희소하거나 특정 관심주제

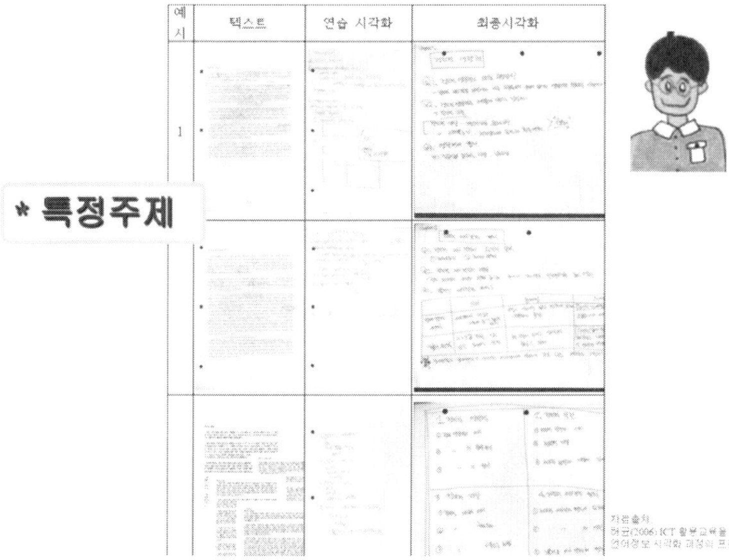

자료출처: 허균(2006). ICT 활용교육을 위한 언어정보 시각화 과정의 프로토콜 분석 연구

예전에 '언어정보의 시각화 과정'을 연구했었는데 주제가 희소하고 특정한 관심 주제 영역이어서 선행연구를 찾기 힘들었던 기억이 납니다. 시각지능(나일주, 2010) 연구의 한 부분으로 연구가 되었으며, 당시 지도교수님이 이론을 정립하는 과정에서 '시각화 과정'을 궁금해 했습니다. 당연히 시각지능이라는 용어도 흔하지 않고, 교육 분야에서 선행연구를 찾기도 쉽지 않았습니다. 이렇게 희소하거나 특정 관심 주제라면 질적연구로 시작하는 것을 고려해 볼 수 있습니다.

❸ 심층적인 구조

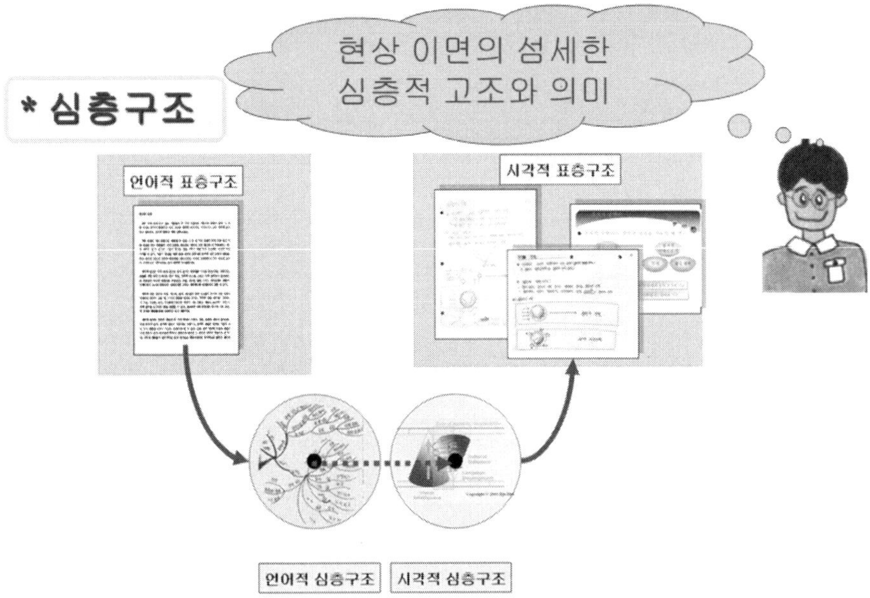

언어와 시각의 변환 과정

자료출처:
허균(2006) ICT활용교육을 위한
언어정보 시각화 과정의 프로토콜 분석 연구

'언어정보의 시각화 과정'을 연구 과정에서 사람의 머리 속에서 일어나는 변화 과정을 밝히려고 노력했었다. 당연한 이야기겠지만 우리가 많이 아는 IQ검사나 설문조사 등으로 쉽게 드러나는 현상은 아닐테니깐 고민은 깊어질 수 밖에 없었다. 이처럼 표면에 드러나는 현상을 파악해서 일반화하는 것이 아니라 심층적 이해를 기반으로 연구를 하고자 한다면 질적연구로 시작하는 것을 고려해 볼 수 있습니다.

❹ 특수 사례에 대한 깊은 이해

*** 사례이해**

특수한 사례에 대한 이해

	전문가	초보자
집중사례 분석대상자	3명	3명
집중사례 분석대상자	교사경력 8년 이상 12명	예비교사 30명
사례성향	교수활동에서 교수-학습 내용에 대한 시각화 경험이 상대적으로 높음.	교수 활동에 시각화 경험이 상대적으로 낮음.
선정기준	(1)의 4가지 기준 참조	예비 교사

자료출처:
허균(2006) ICT 활용교육을 위한
언어정보 시각화 과정의 프로토콜 분석 연구

현장에서 많은 경험을 쌓아가고 있는 교수자의 경우 현장 경험이 미숙한 예비 교수자에 비해 노하우가 쌓여 있을 것이라고 막연히 생각한다. 이러한 막연한 생각들은 특정한 과제를 수행하는 상황에서 전문성이 드러나는 것을 확인할 수 있고, 이로 부터 전문가 교수자에 대한 깊은 이해가 필요하다고 생각했다. 당연히 이러한 이해는 예비교사를 위한 교육활동이나 해당 과제에 전문성이 부족하지만 배움을 갈구하시는 분들에게는 단비와 같은 교육 프로그램으로 다가갈 수 있다. 이처럼 특정한 전문가 집단, 소수집단의 사례를 드러내어 깊은 이해를 기반으로 연구를 하고자 한다면 질적연구로 시작하는 것을 고려해 볼 수 있습니다.

❺ 사전 지식이나 선행 연구가 거의 없는 도전적 연구

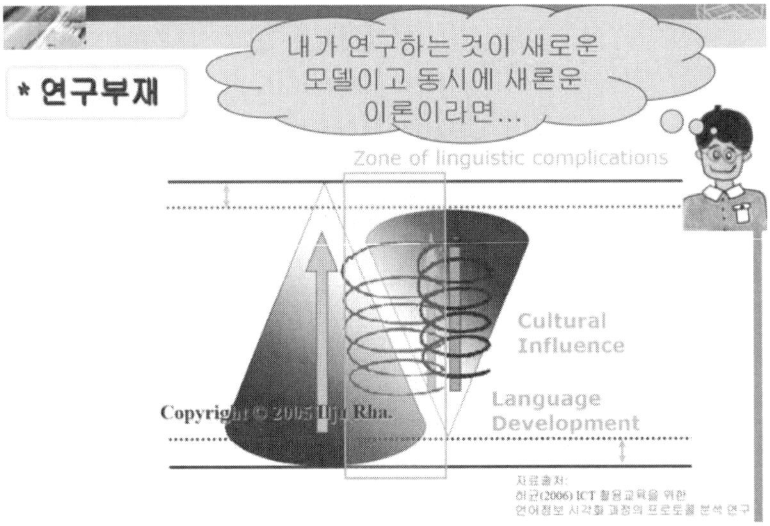

우리는 흔히 다른 사람이 이미 해 놓은 연구들을 단순히 적용시키기만 하고 있는 것은 아닌가? 예전에 학자들은 태어나자마자 이론을 내 놓은 것은 아닐 것이다. 수많은 시행착오의 결과로 나타난 것이라는 것 쯤은 당연히 예상할 수 있다. '종의 기원'이라는 책을 보면 얼마나 많은 삶의 과정에서 연구를 하려고 했던 것을 엿볼 수 있다. 마찬가지로, 피아제가 자기 아이들을 보며 인지발달이론을 만드는 모습이 상상되기도 한다.

위의 그림은 인간시각지능(나일주, 2010)이라는 개념을 제안하고 이론적 작동원리를 제안한 그림이다. 이러한 개념은 기존의 연구에서는 없었던 개념과 작동원리를 제안하고 있어서 이를 연구하는 사람들은 학위논문이나 학술지와 같은 연구결과물을 얻기 위해서는 상당한 도전과 노력이 필요했음이 예상된다.

이렇듯 기존의 이론이나 연구들은 없었지만 여러분이 가진 생각을 아이디어에 머물러 있지 않고 자신만의 이론으로 확장하고 발전시키는 것에 관심이 있다면 질적연구로 시작하는 것을 고려해 볼 수 있습니다.

당연한 이야기겠지만 반드시 질적연구만 고집할 필요는 없겠죠. 중요한 것은 나의 아이디어 관심들을 구현하는 수단으로 질적연구를 고려하는 것이고, 필요하면 양적 연구와 질적연구를 적절히 혼합해서라도 여러분의 연구 성과를 이루시면 됩니다.

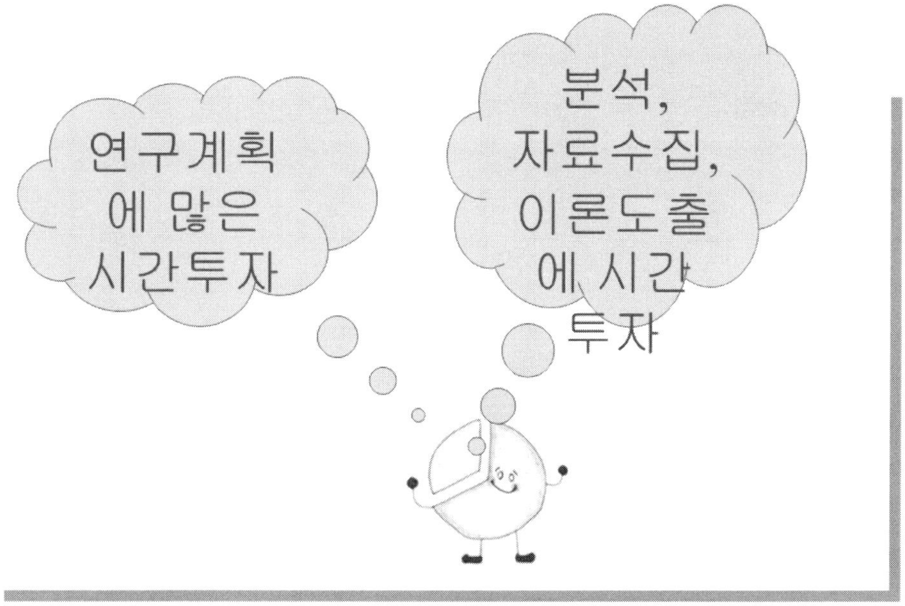

양적 연구에서는 연구 계획 단계에서 시간과 노력을 많이 들여야 한다. 계획이 엉성한데 설문 조사를 시작하였다가 잘못된 자료를 수집하거나 보조자 하는 변인이 없다면 다시 자료를 수집해야 할 수 도 있을 것이다. 그리고 자료가 수집되면 다양한 양적 분석 과정을 통해 빠른 시간 내에 결과가 나타날 수 있다. 그리고 이러한 과정은 연구자 뿐 아니라 같은 데이터로 다른 연구자가 해도 동일한 결과가 나타난다. 이러한 맥락에서 연구 결과의 일반화가 가능하다.

질적연구에서는 물론 계획 단계에서 충분한 고민이 필요하지만, 자료를 수집하고 분석하는 과정에서 많은 다양성과 변동성이 나타날 수 있다.

2 질적 연구의 비교

대비되는 양적 연구와 특징을 통해 질적 연구가 가지는 특징을 이해해 보자.

2.1 연구초점

질적연구는 다양한 실체가 존재하는 구성주의적 관점을 세계관으로 가지고 있다. 하나의 진리가 존재하는 논리실증주의와 대비된다. 이러한 세계관에 터해서 연구자의 역할은 질적연구에서 참여자와의 공감과 참여자의 맥락적 이해가 강조되는 주관성이 강조된다. 반면 양적연구에서는 제3자의 관점에서 연구를 보는 객관적 관점이 강조된다.

관점	질적 연구	양적 연구
세계관	구성주의 (다양한 실체 존재)	논리실증주의 (하나의 실체가 존재)
역할	주관적 참여자와 공감, 맥락 이해	객관적
연구 초점	맥락 이해 참여자의 의미 이해	일반화 측정 가능 행동, 통제

연구과정에서 질적연구는 참여자의 세계를 이해하고 다양한 맥락과 상황 등을 그대로 받아들이는 것이 연구에 초점이 있다. 필자가 질적연구를 공부하던 시절에는 인터넷 웹페이지가 막 나오던 시절이었다. 당시에 웹페이지를 구축하는 것이 붐이 일었는데, 미국 유명 대학의 박사논문이 '교육용 웹사이트 구축'을 해 놓은 박사학위로 인정할지 말지를 논하고 있었다. 참여자의 이해를 위해 아프리카 어느 마을에서 몇 년간 지낸 후 박사학위로 그들의 노래를 심사과정에서 부르고 말하는 것을 박사학위로 하였다는 이야기도 유명 해외 대학의 질적연구방법론 수업 청강에서 들었던 기억이 난다. 이렇듯 질적 연구에서의 연구초점은 참여자의 의미나 맥락을 이해하는 것에서 연구가 출발한다고 해도 과언이 아니다.

2.2 연구목적 및 대상

질적연구는 특별한 상황에서 발생하는 사람들의 느낌, 생각 등을 깊이 이해하고 새로운 이론이나 원리를 발견하는 것을 연구목적으로 합니다. 반면 양적연구는 측정 가능한 예측 변수를 설정하고 조건통제 등을 통한 인과관계 파악이나 일반적인 이론을 검증하는 것을 연구목적으로 합니다.

관점	질적 연구	양적 연구
연구목적	심층적 맥락 이해 발견	예측변수, 인과관계, 일반화 이론 검증
대상	연구참여자 이론적 표집	연구대상 무작위 표집

질적연구에서는 대상자를 연구참여자라고 하며 연구 맥락에서 의미를 같이 구성하는 참여자로 생각한다. 이론적 표집을 하게 된다. 반면 양적 연구에서는 대상자를 수동적인 응답자 정도로 생각하고 무작위 표집을 한다.

2.3 자료수집 및 분석방법

질적연구에서 연구 주제에 대해 귀납적으로 접근한다. 수집된 자료로 부터 점점 더 추상적인 개념화를 가진 단위로 조직화 하여 연구자만의 결과를 이끌어 낸다. 이러한 과정에서 버텀업 방식(하위단의 자료에서 상위 개념을 만들어 가는 방식)을 취하게 된다. 양적연구는 연구 주제에 대해 가설연역법적인 접근을 취한다. 가설을 설정하고 연역적 추론을 통해 결과를 제시하는 순차적이고 절차적 연구를 따른다.

관점	질적 연구	양적 연구
연구방법	귀납법 Bottom Up 유연한 연구 방법 비통제, 관찰 위주	가설연역법 Top Down 순차적이고 절차적 연구 통제, 측정 위주
자료수집	다양한 자료 수집 인터뷰, 관찰, 문서, 영상 등	설문지, 검사도구

질적연구에서 다양한 형태의 자료를 포함한다. 예를 들면, 인터뷰, 관찰지, 문서, 음악, 사진, 영상 등의 다양한 형태의 자료들이 연구를 위한 기초자료가 될 수 있다. 반면 양적 연구에서는 설문지나 검사도구와 같은 측정가능한 도구로 부터 수집된 정형화된 자료를 주로 다룬다.

2.4 연구 유형과 연구예시

관점	질적 연구	양적 연구
연구유형	문화기술연구 역사연구 내용분석 질적사례연구 근거이론 기반 연구 등	서술연구(조사연구, 관찰연구) 상관연구(인과연구) 실험연구, 준실험연구 등
연구예시	예시 1. 초임교사의 전문성 발달과 딜레마에 관한 사례 연구 예시 2. 북한 이탈 청소년의 문화 적응 과정 분석 사례 연구	예시 1. 학습내용 제시 유형에 따른 멀티미디어 활용이 학업성취도에 미치는 영향 예시 2. 자기 효능감이 학업성취도와 창의력에 미치는 영향

2장 요약

질적연구 접근

❶ 양적 연구의 보완

❷ 희소하거나 특정 관심주제

❸ 심층적인 구조

❹ 특수 사례에 대한 깊은 이해

❺ 사전 지식이나 선행 연구가 거의 없는 도전적 연구

질적연구의 비교

관점	질적 연구	양적 연구
세계관	구성주의	논리실증주의
역할	주관적, 참여자와 공감, 맥락 이해	객관적
연구 초점	맥락 이해	일반화
연구목적	심층적 맥락 이해	예측변수, 인과관계, 일반화 이론 검증
대상	연구참여자 이론적 표집	연구대상 무작위 표집
연구방법	귀납법 Bottom Up 유연한 연구 방법 비통제, 관찰 위주	가설연역법 Top Down 순차적이고 절차적 연구 통제, 측정 위주
자료수집	다양한 자료 수집 인터뷰, 관찰, 문서, 영상 등	설문지, 검사도구

2장 연 습 문 제

1. 질적연구를 고려해야 할 때에 대해 설명하시오.

2. 질적연구를 양적연구와 비교해서 설명하시오.

메 모

Chapter 3

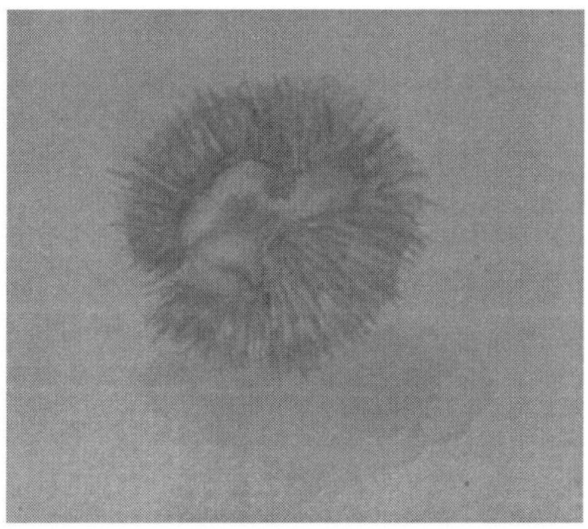

질적 연구 유형

1. 내러티브 연구
2. 현상학
3. 근거 이론
4. 문화기술지
5. 사례연구

제3장 ●●●

질적 연구 유형

앞 장에서 양적 연구와 대비해서 질적연구가 가지는 특징들을 정리하였다. 이번 장에서는 질적 연구 내에서 다양한 유형을 파악해 보고자 한다. 우리의 연구는 다양한 목적을 가지고 있고, 연구할 수 있는 기간도 제한적이다. 대부분 대학원생들은 학위논문이나 학술논문 및 보고서 작성이라는 미션이 있다. 일반 연구자들도 제한된 연구 펀드와 함께 시간적 제한이 따른다. 그럼에도 불구하고 지적 호기심을 충족시키기 위해 알 수 없는 시간을 연구에 투자하는 연구자도 있다.

연구자가 수행하고자 하는 질적 연구가 어떤 성격의 연구인지 파악한 후 이를 가장 잘 실행할 수 있는 연구방법을 선택하는 것이 성공적 연구 수행에 단초가 된다. 연구자가 가진 연구문제와 가장 적합한 형태의 연구방법을 선택하는 것이 필요하다. 질적 연구 방법이 다양한 여러 형태 중 어떤 형태의 연구인지 먼저 파악한다면 효율적인 연구진행이 가능할 것이다. 질적 연구에서도 다양한 종류의 연구방법이 활용되고 있으며 질적 연구 특성상 새로운 형태의 연구방법도 계속적으로 출현하고 있는 실정이다. 본 연구에서는 질적연구에서 대체로 활용하는 다섯 가지 연구방법을 중심으로 설명하였다.

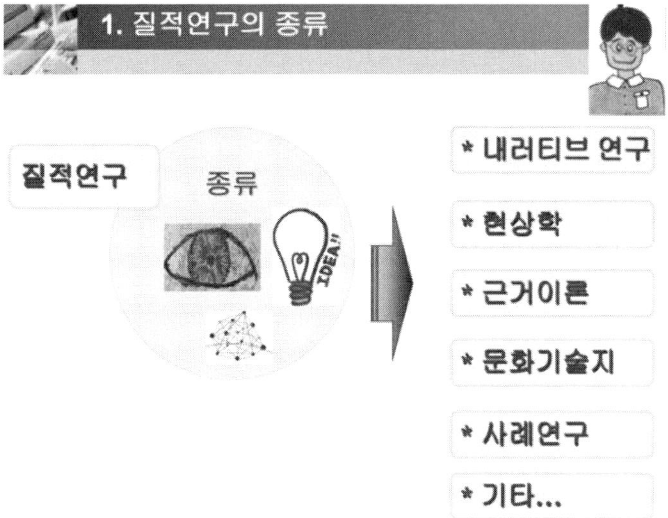

자신의 연구 문제에 맞는 연구를 자신만의 질적 연구 형태로 만들어서 수행할 수 있다. 하지만 선행연구자들이 기존에 양적연구 외의 방식으로 다양한 시도가 있어 왔다. 그 결과로 질적 연구의 카테고리 내에서도 이러한 다양한 연구들이 유사한 형태나 비슷한 연구 맥락을 가진 연구자들이 지속적으로 연구를 진행하여 눈에 띄는 형태로 드러난다.

대표적으로 많이 알려진 질적 연구 종류에는 내러티브, 현상학, 근거이론, 문화기술지, 사례연구(조흥식 외 역, 2005)의 다섯 가지로 구분해 볼 수 있다. 당연한 이야기겠지만 이외에도 다양한 질적 연구의 형태들이 있지만, 여러 연구들에서 자주 보이는 다섯 가지 정도로 한정해서 살펴보자.

1 내러티브 연구

내러티브 연구는 개인의 생애를 탐구하거나 그 과정에서 다양한 의미를 찾는 연구라고 한다면 이를 수행할 수 있다. 이러한 과정에서 개인의 경험 자체에 많은 관심을 가지고 있다. '내러티브'에서 담고 있는 뜻으로 우리 연구 관심의 대상에 대해 '이야기를 만드는' 일련의 과정과 그 결과 드러난 것이라고 할 수 있을 것이다.

내러티브 연구는 인류학이나 역사학, 심리학 등의 학문적 배경을 가지고 있다. 따라서 인류학의 연구 대상이나 역사 및 심리에서 주요 관심이 되는 주요 인물들의 이야기들이 주요 관심의 대상이 될 것 같다. 따라서 관심이 있는 연구대상 한 명이 분석 대상이 되어도 이상하지가 않다. 연구자에 관심에 따라서는 여러 사람을 대상자들을 분석하기도 한다.

주로 인터뷰를 통해 데이터를 수집하고, 경우에 따라서는 관심 대상자와 관련된 문헌이나 문서, 다양한 정보를 포함할 수 있다. 주로 자료 분석은 시간의 흐름이나 주제 등에 따라 이야기 식으로 구성하여 제시된다.

Clandinin & Connelly(2000)은 내러티브 탐구과정을 다섯 단계로 제시하고 있다. 다섯 단계는 현장 존재하기, 현장에서 현장 텍스트로의 이동, 현장 텍스트를 구성하기, 현장 텍스트에서 연구 텍스트로 이동하기, 연구 텍스트 작성하기로 이뤄져 있다(Clandinin & Connelly, 2000; 김진필, 2012).

(출처: 김진필(2012); Clandinin & Connelly(2007), 재인용)

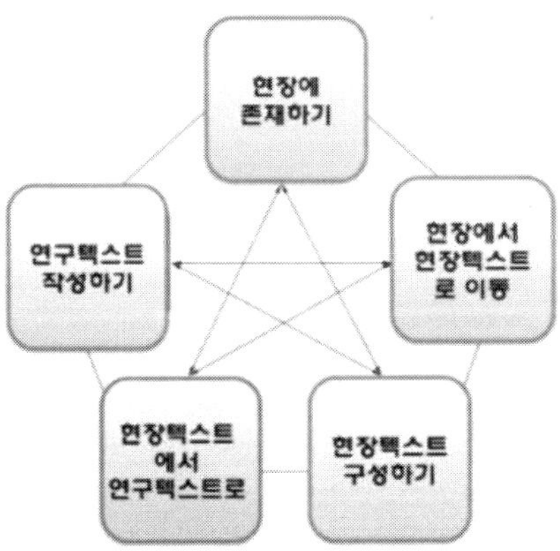

최근 내러티브와 관련된 많은 연구들을 쉽게 검색하고 연구 과정을 살펴볼 수 있다. 다음은 무작위로 두 가지 논문을 찾아보았고 이 중 연구 요약을 실었다. 연구 논문을 직접 살펴보며 어떠한 방법으로 논문을 구성했는지 살펴보자.

- 우소연(2020). 우수 육상지도자의 삶과 경험의 교육적 가치에 관한 내러티브 연구. 학습자중심교과교육연구, 20(21), 985-1013.

- 이호준(2020). 성인 남녀의 홈 트레이딩에 관한 내러티브 탐구. 서강대학교 석사학위논문.

이후 내용은 이호준(2020) 연구의 요약을 나타낸다. 어떠한 맥락에서 내러티브 연구를 하게 되었는지 확인해 보자.

> "본 연구는 성인 남녀의 홈 트레이닝에 관한 내러티브 연구를 통해 연구 참여자들의 홈 트레이닝에 관한 이야기를 풀어내는 데에 그 목적이 있다. 연구 참여자는 4개월 이상 홈 트레이닝을 지속한 일반 성인 남녀를 대상으로 연구를 진행하였다. 연구 방법으로는 각 연구 참여자들과 여러 차례 심층 면담을 통해 질적 자료를 수집한 이후 귀납적 분석 방법을 거쳐 구성원 간 검토 및 전문가 협의를 통하여 자료의 진실성을 확보하고자 하였다. 연구자는 인터뷰를 통해 수집된 자료를 그대로 컴퓨터에 전사하여 반복적으로 읽어보며 그 안에 담긴 의미를 찾아 범주화하는 작업을 통해 연구 참여자들의 인터뷰 내용에서 공통된 결론을 도출하였고 그 결과는 다음과 같이 세 가지의 범주로 분류 하였다. 첫째는 혼자서도 할 수 있는 추천 홈 트레이닝이며, 둘째는 홈 트레이닝의 효과이고, 셋째는 사회적·생활 속 거리두기 상황에서 홈 트레이닝의 연관성이다. 먼저, 홈 트레이닝의 특성상 본 연구 참여자들도 접근이 쉽고 혼자서도 할 수 있는 간단한 운동들을 추천했다." (이호준, 2020)
>
> .... 중략 ....

"코로나19 이전에도 홈 트레이닝은 존재했지만 코로나19 이후로 홈 트레이닝에 대한 필요성이 제기되면서 수요가 더욱 늘어났고 본 연구를 통해 거리두기 상황과 홈 트레이닝 사이에 연관성을 보였다. 거리두기 상황으로 야외 체육시설을 이용할 수 없어 홈 트레이닝으로 전환하는 사람들이 많아졌기 때문이다. 앞으로 코로나19 이외에도 다양하고 진화된 감염병이 계속될 것이다. 이런 감염병과 거리두기 상황이 오더라도 홈 트레이닝으로 건강을 챙길 수 있도록 본 연구를 통해 후속 연구가 진행되기를 바란다."(이호준, 2020)

2 현상학

경험의 본질적인 의미를 이해하는 것을 목적으로 한다. 현상학적 연구는 생생한 경험을 탐색하고 그 경험의 의미를 포함한 현상의 본질을 파악하는 것을 목적으로 한다(신경림, 2003). 주관적 경험이나 체험을 바탕으로 현상을 이해하고 그 본질을 파악해 보려는 연구라고 할 수 있다. 경험한 것 자체 보다는 그것이 가지는 본질을 파악하려고 한다.

현상학은 철학이나 심리학, 교육학 등의 학문적 배경을 가지고 있다. 철학에서 심오한 본질의 의미를 파악하려 했던 다양한 시도들이 생각한다. 하지만 심리학이나 교육학에서는 본질적 의미가 현실에 반영된 실질적 의미로 나타날 것으로 기대된다. 현상학을 적용한 논문의 예들을 살펴보면, 김향란(2021)의 연구에서는 은퇴 후 삶에 대한 본질적 성찰 부분에 많은 비중을 두어 철학적 본질을 탐색했다면, 김보윤(2021)의 연구에서는 본질적 의미라고 하기 보다는 어떠한 경험을 하고 그 의미가 무엇인지 탐색하는 정도로 연구가 이뤄지고 있었다.

현상학에서는 서로의 경험을 공유하고 있는 다양한 사람들이 분석 단위가 된다. 인터뷰와 관찰을 통해 현상을 파악한다. 마찬가지로 관심 대상자와 관련된 문헌이나 문서, 다양한 정보 등을 포함할 수 있다. 본질에 대한 의미 파악을 위해 인터뷰 내용 등을 조직적이고 구조적으로 의미있는 단위로 만들어 '본질'을 이끌어 낼 수 있는 분석 전략을 사용한다.

예를 들면 청소년 흡연 문제점을 환자를 돌보는 간호학을 하시는 분들의 관점에서 현상학적으로 진단하고 그 의미를 밝히려고 한다면 현상학적 연구를 고려해 볼 수 있다.

최근 현상학과 관련된 많은 연구들을 쉽게 검색하고 연구 과정을 살펴볼 수 있다. 다음은 무작위로 몇 가지 논문을 찾아보았고 이 중 김보윤(2021)의 연구 요약을 실었다. 여러 연구 논문들을 직접 살펴보며 어떠한 방법으로 논문을 구성했는지 살펴보자.

- 이슬, 정다진(2021). 발레 실기 수업에서의 플립러닝 경험을 통한 현상학적 탐색. 우리춤과 과학기술, 17(1), 99-120.
- 김보윤(2021). 스마트기기를 통한 초등학생의 디지털 활동 경험에 대한 현상학적 연구. 한국교원대학교 석사학위논문.
- 김향란(2021). 중등학교 남성 교사의 은퇴 후 삶의 경험에 대한 현상학적 연구. 한세대학교 박사학위논문.

김향란(2021)의 논문에서는 연구문제로 두 가지를 제시하고 있다. 중학교 남성 교사의 은퇴 후 삶에서 무엇을 경험하는지와 이러한 삶 경험의 본질적 의미를 무엇인지에 대한 것이다. 이처럼 현상학 유형의 연구에서는 어떠한 경험과 함께 그것이 지니는 본질적 의미 탐색에 연구의 초점을 두는 것을 알 수 있다.

이후 내용은 김보윤(2020) 연구의 요약을 나타낸다. 어떠한 맥락에서 현상학적 연구 특성이 드러나는지 확인해 보자.

> "본 연구는 기초연구로서, 초등학생의 스마트기기를 통한 디지털 활동 경험을 당사자의 시각에서 조망해봄으로써 경험의 본질적인 의미를 밝히고 디지털 리터러시 교육과 테크놀로지 통합 학습을 위한 시사점을 도출하는 것을 목적으로 한다. 본 연구에서 설정한 연구 문제는 '초등학생의 스마트기기를 통한 디지털 활동 경험의 의미는 무엇인가?'이다.
>
> 본 연구는 초등학생의 실제적인 경험의 목소리를 고찰하기 위해 현상학적 연구 방법을 따랐다. 스마트기기 중독 자가 진단에서 일반 사용자군에 속하며 자신의 경험을 생생하게 잘 표현할 수 있는 3,4,5,6학년 학생 9명을 전형적 사례 표집하고 이들을 대상으로 심층 면담을 진행하여 자료를 수집하였다. 그리고 심층 면담에 앞서 사전 활동지를 작성하도록 함으로써 연구 참여자들이 관련 경험을 활성화할 수 있도록 하였다. 연구자는 자료 분석의 전 과정에서 '판단 중지'를 실시하여 의식의 지향성을 멈추고 현상을 '본질 직관'하고자 노력하였으며 Colaizzi의 현상학적 분석 방법을 적용함으로써

연구 참여자들의 개인적 속성보다는 공통적 속성을 발견하는 것에 초점을 두고 교육적 시사점을 도출해 내고자 하였다.

연구 결과 총 272개의 의미 있는 진술(significant statemanet), 47개의 구성된 의미(fomulated meaning), 18개의 주제(themes), 6개의 주제 모음(theme clusters)이 도출되었다. 이 주제와 주제 모음들은 연구 문제의 답으로서 경험의 본질을 구성하는 의미구조라고 판단되었으며, 연구자는 이를 바탕으로 초등학생의 스마트기기를 통한 디지털 활동 경험을 획득, 관계, 놀이, 정체성, 통제, 문제해결이라는 구조로 이해할 수 있었다."(김보윤, 2021).

...... 중략 ....

"연구 결과를 통해 초등학생의 일상 경험적 측면, 디지털 리터러시 교육 측면, 테크놀로지 통합 학습 측면에서의 시사점을 도출할 수 있었다. 초등학생의 일상 경험적 측면에서는 첫째, 초등학생들이 스마트기기 외에 다양한 방식으로 여가를 즐길 수 있도록 사회적 차원의 대안 마련이 필요하다. 둘째, 자녀의 스마트기기 사용에 있어서 부모가 일관적인 양육 태도를 견지할 수 있도록 돕는 방안이 요구된다. 디지털 리터러시 교육 측면에서는 첫째, 디지털 리터러시 교육의 소재로서 초등학생의 일상 맥락을 고려해야 한다. 둘째, 디지털 리터러시 수행역량 중 '표현과 생산', '이해와 비평'에 초점을 둔 교육 설계가 필요하다. 셋째, 디지털 리터러시 기반역량과 관련하여 '윤리와 보안', '웰빙과 문화'에 집중하여 교육 내용을 구성해야 한다. 테크놀로지 통합 학습 측면에서는 첫째, 스마트기기를 수업에 통합할 때 그 사용 방안에 있어서 학습자에게 자율적인 선택의 기회를 제공해야 한다. 둘째, 스마트기기 기반 온라인 학습을 설계할 때에는 학습자의 동기를 확실히 유발하거나 통제할 수 있는 방안을 모색해야 한다. 학습자의 문화에 대한 이해는 교수설계에 있어 가장 중요한 전제라고 할 수 있다. 본 연구에서 파악된 초등학생의 스마트기기를 통한 디지털 활동 경험의 본질적 의미가 초등학생의 삶과 밀접하게 연계된 교육으로 이어지길 기대한다."(김보윤, 2021).

3 근거 이론

다양한 자료들에 근거해서 이러한 원인과 결정 요인 등을 나타내는 이론을 개발하는 연구에서 고려해 볼 수 있다. 연구참여자들의 시각을 통해 이론이 나타나게 된다.

근거이론은 사회학 등의 학문적 배경을 가지고 있다.

근거 이론에서는 다양한 연구참여자들의 생각이나 행동, 특정 관심 주제와의 관련성 및 상호작용 등이 연구 관심이 되고 분석 단위가 되기도 한다.

자료분석을 위해서 처음에는 비교적 느슨한 개념잡기 단계에서 시작하여 서로 통합하고 연결하여 이론적 토대를 만들어 나간다. 이때 개방코딩, 축코딩, 선택코딩 등의 전략을 활용한다.

참여자의 다양한 의견이 다양한 개념으로 나타나고 이들이 결합되어 하나의 그림으로 설명될 수 있는 이론과 같은 형태를 보고서로 제시한다.

최근 근거이론과 관련된 많은 연구들을 쉽게 검색하고 연구 과정을 살펴볼 수 있다. 다음은 무작위로 몇 가지 논문을 찾아보았고 이 중 장현용(2019)의 연구 요약을 실었다. 여러 연구 논문들을 직접 살펴보며 어떠한 방법으로 논문을 구성했는지 살펴보자.

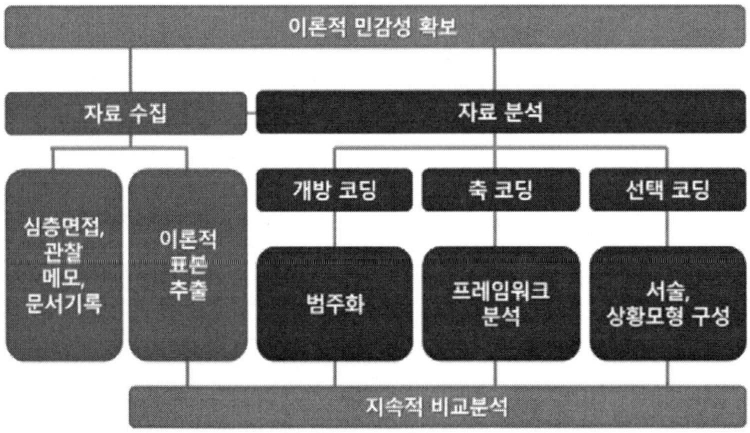

근거이론의 자료수집 및 분석 절차(장현용, 2019)

- 남창우, 김지경, 최정아(2020). 예비교사 교육에서 디자인 사고(Design Thinking) 기반 학술활동 수업 사례연구: 근거이론을 중심으로. 교사교육연구, 59(3), 399-412.

남창우 외(2020) 연구의 요약은 다음과 같다. 어떠한 맥락에서 근거이론적 연구 특성이 드러나는지 확인해 보자.

> "본 연구는 예비교사 교육에서 디자인 사고(DesignThinking) 기반 학술활동 수업에 대한 학습자의 인식 및 태도 변화와 실제 현장에 근거한 학술활동 수업의 활용가능성을 살펴보았다. 이를 위해 부산광역시 소재 4년제 A대학교 2019년 2학기에 개설된 교육공학 관련교과목을 수강한 32명의 예비교사를 대상으로 총 15주 동안 디자인 사고 기반 학술활동 수업을 실시하였다. 자료 수집 및 분석을 위하여 근거이론 접근방법을 사용하였으며, 반구조화된 인터뷰와 학습자의 그룹 및 개인성찰일지를 중심으로 분석을 진행하였다.
>
> 본 연구의 주요 연구 결과는 다음과 같다.
>
> 첫째, 예비교사들은 '수업방식의 변화', '새로운 수업에 대한 적응'과 '전문성 강화 수업'에 따라 '체계적인 디자인 사고 기반 학술활동' 과 '혁신적 아이디어 도출'을 경험하였다. 또한, 이러한 현상은 '적절한 도움'과 '적극적인 과제해결'에 영향을 받았다."(남창우, 김지경, 최정아, 2020).
>
> ...... 중략 ......
>
> "본 연구의 주요 연구 결과는 예비교사의 전문성 신장을 위한 교수설계의 기초자료로 활용될 수 있을 것이다."(남창우, 김지경, 최정아, 2020).

- 장현용, 박상철, 고준(2020). 온라인 교육 수용 환경에서 시니어들의 디지털 행동 이해: 근거이론 적용. 지식경영연구, 21(2), 77-100.
- 장현용(2019). 온라인 교육 수용 환경에서 시니어들의 디지털 행동 이해: 근거이론 적용. 전남대학교 박사학위논문.

- 문만기(2020). SNS 중독경험에 대한 근거이론 연구 –인물감평이론을 중심으로-. 다문화콘텐츠연구, 33, 161-187.

이후 내용은 장현용(2019) 연구의 요약을 나타낸다. 어떠한 맥락에서 근거이론적 연구 특성이 드러나는지 확인해 보자.

> "인구의 급속한 고령화는 이제 더 이상 간과할 수 없는 상황이다. 20년도 채 되지 않아 고령자의 수는 두 배가 가까운 수치로 증가하였으며, 그에 따른 젊은 세대와의 정보격차 문제가 지속적으로 발생하고 있다. 또한 은퇴한 베이비부머 세대가 은퇴와 관련한 준비도 채 하지 못한 채 사회로 진출하고 있다. 이러한 상황에서 본 연구는 온라인 교육 수용 환경에서 시니어들의 디지털 행동을 이해하고자, 총 23명의 55세 이상 시니어를 대상으로 질적 연구를 위한 인터뷰를 실시하였고, 근거이론 방법론을 온라인 교육 프로그램 초기 가입 행동, 로그인 행동, 활용 행동으로 구분하여 적용하였다. 개방코딩, 축코딩, 선택코딩의 과정을 거쳐 최종적으로 시니어 세대의 온라인 교육 환경에서의 프레임워크가 도출되었다."(장현용, 2019).
>
> ......중략......
>
> "시니어 세대가 온라인 교육 환경에 참여하게 되는 ***인과적 조건***으로 목표지향성, 관계지향성, 여가지향성, 외부강제성이 도출되었으며, ***중심현상***으로는 그림자 노동(shadow work)이 나타났다. 또한, ***맥락적 조건***으로는 사회적 변화와 신체적, 인지적 노화, 심리적 위축이 도출되었으며, ***중재적 조건***으로는 디지털기기 수용성, 교육관련 태도, 환경적요인, 자기효능감이 나타났다."(장현용, 2019).

4 문화기술지

특정한 문화 공동체에서 공유하고 있는 특성들을 다각도로 바라보고 이를 기술하고 해석하는 것이 목적이다. 이를 통해서 다양한 집단의 특성들을 이해할 수 있게 된다. 관심 집단이나 공동체가 가지는 문화의 패턴이나 특징을 기술하고 해석할 수 있다. 문화기술지(Ethnography)를 조용환(1999)은 연구자가 참여관찰을 통해 얻게 된 그 사람들의 문화 속에서의 가치, 지식, 기술 등을 정리한 것이다.

문화기술지는 인류학, 사회학 등의 학문적 배경을 가지고 있다. 문화인류학에서 다른 문화를 이해하기 위해 현장에 체류하며 현지인들의 삶을 기록하고 현지인들이 경험하는 문화들을 자료로 분석하는 연구맥락이다. 같은 문화를 공유하는 집단이 하나의 분석 대상으로 설정할 수 있다. 연구 대상자들과 문화 공유를 위해 상대적으로 오랜 시간을 함께하며 문화를 체험한다. 따라서 주로 관찰과 인터뷰를 통해 자료를 수집하고 관련된 문헌, 문서, 이미지, 영상 등의 다양한 자료들도 포함될 수 있다.

문화기술지는 연구자가 문화공유집단이 가지고 있는 가치, 행동, 신념, 언어 등의 공유되고 학습된 패턴을 기술하고 해석하는 질적연구 설계의 한 형태로 현재의 상황이나 활동, 사람 그리고 그 의미를 기술하고자 할 때 문화기술지가 사용될 수 있다(Harris, 1968; Creswell, 2013; 조홍식 외, 2015). 전통적인 문화기술지는 잘 알려지지 않은 새로운 문화 집단에 관심을 두고 연구가 진행되었다. 한편 나 자신이 속한 집단, 문화나 삶의 방식에 관한 연구는 어떤 의미를 갖는지에 대한 관심 역시 증가하게 되었다. 이러한 관심의 증가는 자기문화기술지(auto-ethnography) 혹은 자기기술지라고 불리는 새로운 문화기술지의 연구 흐름을 나타나게 했다. 학교 현장에서도 자기문화기술지에 대한 연구들이 보고되고 있다(이동성, 2012 재인용).

- 문지영(2021). 행복초등학교 밀레니얼 세대 교사에 관한 문화기술지 연구. 한국교원대학교 대학원 석사학위논문.

- 어덩통갈락(2021). 몽골 결혼이주여성의 사회문화 적응에 대한 문화기술지 연구. 대구대학교 대학원 석사학위논문.
- 정채화(2016). 소셜미디어 이용자들의 온라인 기부문화와 집단지성에 대한 문화기술지 연구 : 피에르 레비(Pierre Lévy)의 '집단지성' 논의를 중심으로. 중앙대학교 대학원 석사학위논문.

이후 내용은 문지영(2021) 연구의 요약을 나타낸다. 어떠한 맥락에서 문화기술지 연구 특성이 드러나는지 확인해 보자.

> "이 연구는 초등학교 밀레니얼 세대 교사들의 교직관, 행동양식, 수업을 심층적으로 탐구하여 그들의 문화를 이해하는 데 목적이 있다. 연구 목적을 달성하기 위해 다음과 같이 연구 문제를 설정하였다. 첫째, 행복초등학교 밀레니얼 세대 교사들이 생활하는 학교의 배경적 조건들은3 무엇인가? 둘째, 행복초등학교 밀레니얼 세대 교사들의 핵심적 문화는 무엇인가? 셋째, 행복초등학교 밀레니얼 세대 교사들의 상징적 문화는 무엇인가? 넷째, 행복초등학교 밀레니얼 세대 교사들의 실천적 문화는 무엇인가? 위의 연구 문제를 해결하기 위해 서울특별시에 위치한 한 공립 초등학교에 근무하는 교사 7명을 대상으로 Spradley의 문화기술지 연구 사이클을 토대로 밀레니얼 세대 교사들의 문화를 분석하는 연구를 진행하였으며, 그 결과는 다음과 같다. 첫째, 학교의 사회 · 물리적 및 심리적 환경은 밀레니얼 세대 교사문화에 중요한 배경적 조건으로 작용한다. 적정규모의 학교 · 학급과 행정업무가 과도하지 않으며, 학교 시설 여건은 연구 · 실습학교로 운영될 수 있을 만큼 갖추어져 있다. 반면, 관리자의 강한 리더십에 기반한 하향적 소통방식과 학부모들의 사소한 민원은 부적인 배경적 조건으로 작용하고 있었다. 둘째, 밀레니얼 세대 교사들은 성직, 전문직, 노동직의 교직관이 혼재되어 혼란스러워하는 '경계인'의 모습을 보인다. 교직관의 혼재와 함께 이들은 교사로서의 보람과 기쁨, 전문성 신장에 대한 노력, 보수 및 승진과 같은 내 · 외적 동기 모두 부족해 보인다."(문지영, 2021).
>
> ...... 중략 ......

"연구 결과를 토대로 내린 결론은 다음과 같다. 첫째, 교직관에 대한 올바른 이해와 다양한 연구를 통해 교직관 유형이 개발될 필요가 있다. 더불어 밀레니얼 세대 교사들이 교육에 대한 철학과 비전을 세우고 공유할 수 있도록 이들에게 시간적, 환경적 여건을 조성해야 한다. 또한, 이들의 내재적 동기를 부여할 수 있는 정책적 노력과 시스템 구축이 체계적이고 점진적으로 이루어질 필요가 있다. 둘째, 새롭게 나타난 신개인주의와 공동체가 조화를 이루며, 최적의 균형점에 도달할 수 있도록 해야 한다. 이를 위해 관리자는 밀레니얼 세대 의 신개인주의 문화가 기존의 교직문화를 긍정적으로 변화시키는 동력으로 작용할 수 있도록 민주적이고 쌍방향적인 소통방식을 토대로 이들과 리더십을 공유해야 한다. 셋째, 단위학교 차원에서 기성세대와 밀레니얼 세대가 긴밀한 소통과 협력을 통해 전문적 학습 공동체를 운영할 수 있도록 해야 한다. 밀레니얼 세대 교사의 스마트 기기 및 온라인 자료 활용 능력과 기성세대 교사들의 교수 방법, 교재 연구, 교육과정 개발 및 운영에 관련된 지식은 상호 보완될 수 있다."(문지영, 2021).

"연구는 피에르 레비가 제시한 사이버 공간의 집단지성에 대한 논의를 중심으로 온라인 기부와 집단지성의 관계를 살펴보았다. 오늘날 소셜미디어가 온라인 기부문화의 확산을 위한 도구로 주목받고 있다는 점에서 집단지성의 가능성과 그 함의를 탐구하고자 하였다. 이를 위해 온라인 기부에 참여한 경험이 있는 소셜미디어 이용자들을 그룹별로 선정하여 인터넷 문화기술지 방법을 토대로 참여관찰과 초점집단인터뷰를 실시하였다."(정채화, 2016).

...... 중략 ......

"마지막으로, 온라인 기부를 통해 형성된 집단지성이 일부 소셜미디어 이용자들에 의해 실질적인 역량으로 발현되었다. 이들은 자신만의 방법으로 지속적 또는 단발적으로 각자의 역량을 발휘하는 모습을 드러냈다. 이에 본 연구는 소셜미디어를 활용한 온라인 기부가 집단지성으로 실현될 가능성을 파악하였고, 이와 더불어 한계점을 제시함에 따라 향후 온라인 기부의 활성화에 대한 방향과 대안을 제시하였다는 데 의의를 가질 수 있다."(정채화, 2016).

5 사례연구

사례연구(Case Study)는 하나의 사례나 다양한 사례에 대해 사례분석 기법을 바탕으로 세밀한 기술을 한다. 이를 통해 독자들로 하여금 사례에 대한 이해와 공감을 이끌어 낼 수 있다. Creswell(2010, 2015)은 사례연구도 질적 연구 방법의 하나로 인식하고 있었다(Creswell, 2010, 2015; 한유리, 2017; 유승오, 2019). 한 명 이상의 개인이나 프로그램을 심층적인 자료 수집방법으로 연구하는 것이라고 개념화하고 있었다. 이때 심층적 자료 수집은 질적 연구방법에서 흔히 쓰는 관찰, 인터뷰, 문서 및 이미지 및 영상 자료들이 포함될 수 있다. 특이한 점은 개인 뿐 아니라 프로그램도 하나의 사례에 포함된다는 것이다. 사례연구는 교육학, 심리학, 법학, 정치학, 의학 등의 다양한 학문적 배경을 가지고 있다. 이러한 배경에서 교육적인 사건에 대한 사례뿐만 아니라 의학, 심리 등의 사례와 정치적 사례 등도 연구로 자주 접할 수 있다.

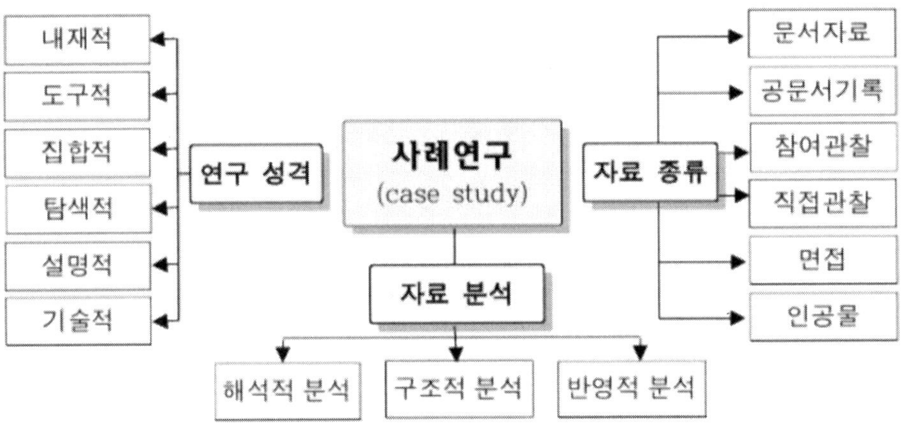

사례연구의 성격과 자료 종류 및 분석방법(박휴용, 2014; 유승오, 2019 재인용)

사례연구에서는 주로 인터뷰, 수업관찰, 현장관찰, FGI, 심층적 분석 등이 이뤄진다. 특정한 사례가 될 수 있는 사건이나 특정 프로그램, 특정한 사람 등이 분석 단위가 될 수 있다. 관찰, 인터뷰, 관련 문서, 문헌 이미지, 영상 등의 다양한 자료들이 수집 및 분석될 수 있다. 사례에 대한 구체적인 기술과 함께 연관된 주제나 유사 사례에 대해 비교 기술하는 전략을 사용한다.

- 정성헌(2021). 문제중심학습(PBL) 기반 한국어교재론 수업 사례 연구. 국어교육연구, 75, 189-222.
- 박정애, 진영정(2020). COVID-19 상황에서의 화상독서치료 참여 경험에 대한 질적 사례연구, 독서치료연구, 12(2) 63-100.
- 신원섭, 신동훈(2021). 온라인 학습에서 머신러닝을 활용한 초등 4학년 식물 분류 학습의 적용 사례 연구. 초등과학교육, 40(1), 66-80.
- 유승오(2019). 교사의 거꾸로 수업 경험에 대한 질적 사례연구. 전북대학교 박사논문.

이후 내용은 유승오(2019) 연구의 요약을 나타낸다. 어떠한 맥락에서 사례 연구 특성이 드러나는지 확인해 보자.

> "이 연구는 거꾸로 수업 교사들의 수업과정과 수업변화 경험에 대한 수업의 의미를 해석하여, 학교 현장에 대안적 시사점을 제시하고자 연구를 시작하게 되었다. 이 연구의 연구문제는 다음과 같다.
>
> 첫째, 거꾸로 수업 과정에서 교사 경험은 어떠한가?
>
> 둘째, 거꾸로 수업을 통한 변화 경험은 무엇인가?
>
> 셋째, 거꾸로 수업의 의미는 무엇인가?
>
> 이 연구는 거꾸로 수업을 3년 이상 진행하고 있는 교사들을 대상으로 질적 사례연구를 실시하였다. 교사들은 수업을 어떻게 진행하고 있고, 수업을 통해서 어떤 변화가 일어났는지 분석하여 거꾸로 수업의 의미를 해석하였다. 이에 대한 연구결과를 제시하면 다음과 같다.
>
> 첫째, 학생중심의 수업으로 진행되었으며, 학생들은 수업에 즐겁게 참여하였고, 교사는 수업의 부담을 줄일 수 있었다. 교사들이 핵심내용을 5분 내외로 디딤 영상을 제작하여 웹에 올리면, 학생들은 집에서 영상을 보고 수업에 참여 하였다. 교사들의 수업 전·중·후 활동으로 구분하여 수업경험 사례를 분석하였다. 학생들은 스스로 수업에 적극적으로 참여하였고, 교사는

수업 조력자로서 뒤쳐진 학생을 지도할 수 있어서, 완전학습 효과를 얻을 수 있었다." (유승오, 2019).

...... 중략 ......

"마지막으로, 학습의 주도권을 학생에게 넘겨주면서 질문이 있는 수업이 되었고, 잠자는 학생이 없어지는 효과를 가져왔다. 연구 참여자들의 수업 사례를 통해 거꾸로 수업의 의미를 학생 측면, 교사 측면, 수업문화 측면, 수업지원 측면으로 나누어 분석하였다. 학생 측면에서 나타난 요인은 질문이 늘어났고, 수업에 즐겁게 참여하면서 멘토링 학습이나 모둠활동을 통해서 자기주도적인 학습태도가 나타났다. 교사 측면에서 수업의 의미는 교사 잔소리가 없어지고, 학생과 수평적인 관계가 형성되면서 교사를 신뢰하게 되었다. 교사는 효능감이 높아졌고, 학생들이 즐겁게 수업에 참여하면서 보람을 느끼게 되었고, 더욱 더 수업연구를 열심히 하게 되었다. 수업문화 측면에서는 가르침의 문화에서 배움이 일어나는 수업문화로 바뀌었다. 질문이 있는 수업과 교우관계가 좋아지는 수업이 되었고, 성적이 향상되는 수업문화로 바뀌게 되었다. 수업지원 측면에 나타난 수업의 의미는 교사의 수업 전문성이 신장되도록 지원되어야 한다. 무선 통신 시설과 같은 수업 인프라 시설의 지원, 행·재정적 지원과 개방적 학교 조직문화가 조성이 되어야 한다. 아울러 우수수업 개발 및 일반화가 필요한 것으로 나타났다." (유승오, 2019).

연구아이디어

○ 연구주제 :

○ 관련연구 및 이론 :

○ 연구방법 :

○ 예상결과 :

3장 요약

내러티브 연구(탐구)

개인의 생애를 탐색 연구, 이야기식 서술

현상학

연구 참여자 경험의 본질에 대해 이해

근거 이론

다양한 자료를 근거로 한 이론 개발

문화기술지

집단이 가지는 문화에 대해 기술 및 해석

사례연구

사례에 대한 상세한 기술과 분석

3장 연 습 문 제

* 아래 물음에 답하시오.

1. 내러티브 탐구 관련 연구를 찾아 수행한 연구내용을 소개하시오.

2. 현상학 관련 연구를 찾아 수행한 연구내용을 소개하시오.

3. 근거이론 관련 연구를 찾아 수행한 연구내용을 소개하시오.

4. 문화기술지 관련 연구를 찾아 수행한 연구내용을 소개하시오.

5. 사례연구 관련 연구를 찾아 수행한 연구내용을 소개하시오.

메모

Chapter 4

나의 질적 연구 들어가기

1. 연구 주제 잡아보기
2. 연구 제목 및 연구 문제
3. 미니 연구 계획서 만들어 보기

제4장 •••

나의 질적 연구 들어가기

연구를 위한 첫 단계는 여러분의 관심 주제를 파악하는 것이다. 관심 주제 파악 단계란 자신이 연구하고자 하는 연구주제를 설정하고 연구 필요성을 도출하는 과정을 포함한다. 연구자의 많은 고심과 주위 연구자들과의 논의 등을 통해 연구주제가 설정되었다면 무작정 연구로 들어가기보다 계획을 그려 보아야 할 것이다.

연구계획은 연구의 규모에 따라 연구계획서를 작성하기도 하며 연구자의 머릿속에서 직관적으로 수행될 수도 있다. 장황한 연구계획서보다는 단순 명료하며 꼭 필요한 연구계획서가 있다면 빠른 시간 내에 연구 접근이 쉬워 질 것이다.

이번 장에서는 질적연구로 들어가기 위해 이런 문제를 생각해 보자. 어떠한 연구주제를 설정해야 하는가? 어떤 연구 제목이 좋은 제목인가? 어떠한 식으로 제목을 표현해야 하는가? 연구의 전체적 구성은 어떻게 해야 하는가? 어떻게 연구를 수행해야하는가? 등을 생각해 보자.

1 연구 주제 잡아보기

여러분이 학위 논문이나 학술논문을 준비하고 있다면 가장 쉬우면서도 어려운 것이 연구 주제를 선정하는 것이다. 어떤 학자들은 전공영역에서 철학을 가지고 평생 연구할 주제를 정하고 평생 동안 자신만의 연구주제를 탐구하여 학문적 기여를 하는 경우도 있다. 현장 실천가이면서 연구자인 여러분 들은 다른 곳이 아닌 교육현장을 연구 대상으로 끊임없이 탐구하고 연구하여 현장과 이론을 접목시키는 경우도 있다. 하지만 연구경험이 많지 않은 대학원생들이나 초보 연구자들은 항상 어떠한 연구주제를 정해야할지 고민에 빠진다. 연구 아이디어에 대해 어떻게 연구주제로 나타내어야 하는 것인지 그리고 내가 생각한 연구 주제가 과연 좋은 주제인지 등에 대한 고민을 하는 것이다(허균, 2010).

연구 주제 및 제목, 연구필요성 목적에 이르기 까지 연구에서 나타나는 일련의 질문에 내가 하고자 하는 연구가 얼마나 공감될 수 있는지 스스로를 먼저 설득해 보자.

1.1 연구주제

연구 주제는 연구자가 관심을 갖는 연구 영역에서 문제의식을 갖고 무엇이 문제인지 파악하는 것이라고 할 수 있다. 좋은 연구 주제의 선정은 연구 전체에 커다란 영향을 미칠 수 있는 중요한 요인일 될 수 있다. 그렇다면 어떠한 것이 연구 주제가 될 수 있을까? 질적연구 뿐만 아니라 연구활동에서 주제가 될 수 있는 것을 허균(2010)을 참고하여 정리해 보았다.

❶ 나의 일상 생활이나 업무

첫째, 여러분들의 생활이 연구 주제가 될 수 있다. 생업이나 자주 만나는 사람, 업무나 해야 할 일, 생업 등이 있다면 이곳에서 발생하는 모든 문제가 연구 주제의 아이디어가 될 수 있다는 의미이다. 예를 들어, 가르치는 활동을 하면서 연구를 하고 있다면 자신이 맡은 업무가 있을 수 있다. 혹은 학교에서 '몰입 교육'에 대한 교육부 과제를 수행해야 한다면, 이 업무 자체가 연구 주제가 될 수 있을 것이다. 자녀가 있다면 자녀와 겪게 되는 모든 생활이 연구 주제가 될 수 있다. 많이 알려진 이야기지만 피아제의 경우도 자신의 아이들을 관찰하여 인지발달이론을 제안하였다.

❷ 내가 재미있어 하는 주제

둘째, 자신이 갖는 관심과 흥미가 연구 주제가 될 수 있다. 평상시 연구자가 게임에 대해 관심이 높았다면 게임 몰입이나 게임 중독과 관련된 주제에 관심을 가져볼 수 있다. 자녀들이 어떻게 게임에 몰입하게 되는지 그리고 일상 생활과 차이점과 공통점 등을 관심 가질 수도 있다. 또 다른 예로 수업에 대해 분석을 하려고 할 때 연구자가 창의성에 관심이 높았다면 '창의적 수업 분석'에 대해 고민하게 될 것이다. 연구자의 흥미와 관심이 높다는 것은 끊임없이 자신의 연구 분야에 대해 질문하고 그 질문을 구체화하여 연구와 연결시키는 노력을 한다는 것이다.

❸ 선행 연구를 통한 아이디어

셋째, 선행 연구자의 연구들이 연구 주제가 될 수 있다. 새로운 아이디어들은 여러 논문을 읽음으로써 떠오르기도 한다. 인지적 부조화 상태인데서 정보를 얻게 되면 여러분들의 창의적 아이디어가 더해지는 것이다. 특정 주제에 대한 협소한 지식으로 애매한 문제의식을 가지고 있다가 선행 연구자들의 구체적 연구물들을 다양하게 경험함으로써 문제파악을 구체적으로 할 수 있게 된다. '신념이 학업성취에 영향을 끼칠까'하는 막연한 주제에서 반듀라의 '자기효능감' 연구 결과를 본다면 또 다른 연구 아이디어를 구체화 시킬 수 있을 것이다.

❹ 지도교수 및 동료연구자 조언

넷째, 지도교수나 동료연구자의 학술적 조언이 때로는 좋은 연구 주제가 될 수 있다. 지도교수나 동료연구자들은 비슷한 영역을 공부하고 있어 연구자가 보지 못하는 관점을 제시할 수 있다. 지도교수는 연구 프로젝트 참여를 통한 연구나 최근 트렌드 등을 반영하여 연구아이디어를 제시할 수 있다. 동료연구자와 협동할 수 있는 연구가 자신의 연구 주제가 될 수도 있을 것이다.

❺ 경험의 확장

다섯째, 모든 경험이 연구 주제가 될 수 있다. 연구의 범위를 확장한다면 학술대회에서 다른 사람의 발표 내용, 수강한 교과에서 수행한 기말 프로젝트, 친구들과 나누었던 언쟁 등 다양한 것이 연구 주제가 될 수 있다. 문제는 연구자가 어떠한 문제의식을 가지는 것이다. '왜 ?'라는 질문을 던져 보자. 새로운 연구 주제가 탄생할 수 있다. 연구자에게 있어 연구는 곧 경험이며 생활이다.

Miles와 Hurberman(1999)은 우리가 탐색하던 주제나 연구질문을 다양한 사례를 들어가며 기술하는 예를 제시하여 함께 보면 참고가 될 것 같다. 그들에 따르면, 연구 시작단계에서 연구자가 생각하는 연구주제나 아이디어를 구체적으로 개념도와 같은 그림 그리기를 제안하였다. 아래 그림은 교육 혁신이 전파되는 예시를 시각화해서 나타내어 본 것이다.

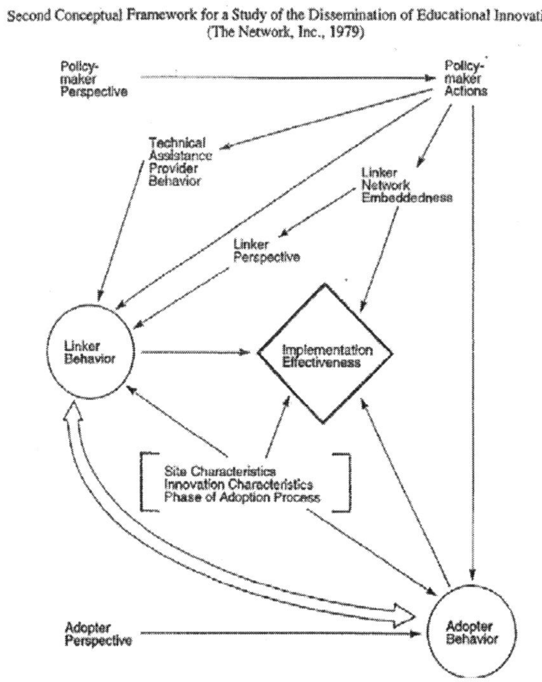

교육혁신의 전파 연구에 대한 개념도(Miles & Huberman, 1999, p 19 재인용)

좋은 연구 주제를 찾기 위해서는 자신의 아이디어를 항상 기록하고 메모해 두는 습관이 필요하다. 모든 연구는 거창한 주제에서 바로 나타나는 것이 아니라 아주 작은 관심과 경험에서 나타나는 것이라고 할 수 있다. 특히 교육학 연구는 교육에 관한 이론에 대한 반성적 고찰과 함께 교육 현장의 실질적 경험이 교차되었을 때 모든 사람이 공감할 수 있는 연구로 나타날 수 있다.

1.2 성공적인 연구주제인지 스스로 평가해 보자

성공적인 연구 수행을 위해 스스로에게 물어봐야 할 점을 생각해 보자. 우리는 한 연구를 평생 할 수는 없고 학위논문을 몇 년을 쓸 수 없는 노릇이다. 다른 사람에게도 매력적이게 보이는지 연구 주제에 대해 몇 가지 질문을 던져 보자.

❶ 독창성

첫째, 연구 주제는 독창적인가? 다른 연구자들이 관심을 기울이지 못한 주제를 선택하는 것은 연구의 독창성을 높이는 데 도움을 줄 수 있다. 선행 연구자가 이미 비슷한 연구 주제를 연구하였다면 연구자는 어떠한 점에서 연구가 새롭고 다른지 밝혀야 할 것이다

❷ 학문성과 실용성

둘째, 연구 주제는 실용성과 학문적 기여가 있는가? 연구는 실용적 관점이나 학문적 관점에서 기여도가 있어야 한다. 교육학 연구에서 연구 주제는 교육 현장을 개선하는 데 도움이 되는 실용적 관점이나 교육 관련 이론의 발전에 도움이 되는 학문적 기여를 통해 연구 가치를 인정받아야 한다.

❸ 미션 수행 가능성

셋째, 연구자가 수행할 수 있는 연구인가? 연구의 성격에 따라 다른 연구자들이나 기관의 협조를 얻어야 할 수도 있으며, 연구 자금이나 시간, 연구지원 시설 등이 필요한 때도 있다. 따라서 연구자는 자신이 수행할 수 있는 연구인지를 인적 자원, 물적 자원, 시간 자원 등의 차원을 고려하여야 할 것이다.

❹ 재미

넷째, 연구자가 재미를 느끼는 연구인가? 어떻게 보면 길고 힘든 연구 과정을 겪을 수도 있다. 이러한 과정에서 연구자가 연구 주제에 대한 흥미와 재미를 느끼는 것은 연구를 지속하고 연구를 성공적으로 마무리하는데 결정적인 역할을 한다.

❺ 질적연구 맥락 타당성

2 장에서 살펴보았던 질적연구의 맥락적 접근에서 다뤘던 내용도 고려해 봅시다. [❶ 양적 연구의 보완, ❷ 희소하거나 특정 관심주제, ❸ 심층적인 구조, ❹ 특수사례에 대한 깊은 이해, ❺ 사전 지식이나 선행 연구가 거의 없는 도전적 연구]

아이디어 차원의 생각들을 어떤 사람들은 지나가는 말로 흘려보낼 수 있지만 연구자에게는 수많은 고민과 고심 속에서 연구 주제로 이끌어 내는 과정이라는 생각이 든다.

2 연구 제목 및 연구 문제

2.1 연구 제목 표현하기

개략적인 연구 주제가 선정되었다면 이를 바탕으로 연구 제목을 적어보자. 당연한 이야기겠지만 연구과정에서 계속해서 연구제목을 다듬어 나가고 논문을 다 쓴 후에도 최종적으로 고치기도 하니 여기서는 가볍게 '가제목' 정도로 생각하면 되겠다.

연구 제목은 나의 연구를 간결 하지만 모두를 표현하는 역할을 한다. 다른 사람의 논문을 볼 때도 학술논문 검색으로 모두 읽어 보기기보다는 보통 제목이나 키워드를 보고 자신의 논문과 관련성이 있는지 판단한다. 제목은 연구 내용을 대표하는 중요한 표현 수단인 것이다.

제목 진술 방법에 대해, p.51-53)은 ① 간단 명료한 진술 및 핵심단어 포함 ② 가능한 부제의 원제 포함 ③ 독립변인 진술 후 종속변인 진술 ④ "연구"라는 용어는 필요한 경우만 사용 ⑤ 가치중립적인 진술 ⑥ 제목이 지나치게 길지 않기 등을 제시하고 있다. 성태제와 시기자(2006, p.52)도 연구 제목 작성시 주의점을 비슷하게 제시하고 있으며 ⑦ 속어(jargon)를 사용하지 않는 내용이 추가되어 있다. 이를 바탕으로 일반 연구에서 제목 진술 원칙을 네 가지(허균, 2010)와 질적연구에서 추가되어야할 내용을 간략히 제시하면 다음과 같다.

❶ 주요내용 포함 키워드

첫째, 연구 내용을 포함할 수 있는 키워드를 중심으로 진술하라. 제목만 보아도 연구의 내용이 무엇인지 알 수 있게 진술하는 것이 중요하다. 따라서 제목은 요약이나 연구 내용 혹은 방법이 충분히 드러나게 만들어야 한다. 이를 위해서는 논문의 키워드(핵심 단어)를 포함시켜야 한다. 반면 필요 없는 단어들은 제외 시켜야 한다. 예를 들어 성태제와 시기자(2006, p.54)가 인용한 APA 출판 지침(2001)에 따르면 제목에 방법(method)나 결과(result)와 같은 단어를 포함시키지 않도록 권유하고 있다.

❷ 원인과 결과 순서

둘째, 원인 변인을 먼저 진술한 후 결과 변인을 진술하라. 원인과 결과 변인을 사용한 연구의 경우 이를 제목에 포함시키는 것이 필요하다. 원인 변인은 일반적으로 독립변인으로 결과변인은 종속변인이라는 용어를 사용한다.

❸ 가치 중립성

셋째, 가치 중립적으로 진술하라. 제목 자체에 가치를 판단할 수 있는 용어는 꼭 필요한 경우가 아니면 사용하지 않는다. 이러한 이유는 제목에 이미 연구자가 한 연구의 변인이 좋다는 것을 미리 가정하고 있어 연구자의 가치가 들어갈 수 있기 때문이다.

❹ 간단 명료성

넷째, 간단 명료하게 진술하라. 제목은 어디까지나 제목이다. 요약이나 내용이 아닌 것이다. 지나치게 길다면 연구의 핵심을 제대로 표현하지 못한 인상을 가질 수 있다. 연구를 진행하고 있다면 핵심 내용이 포함 될 수 있게 제목을 진술하고 연구가 진행되는 과정동안 최대한 간략하고 명료하게 하려는 노력이 필요할 것이다.

2.2 연구 필요성 및 목적

연구의 필요성과 목적은 연구의 주제 선정, 연구제목 선정과 직접적으로 관련이 있다. 연구의 필요성은 연구자가 하려고 하는 연구의 존재 이유이며 목적이 되기 때문에 연구의 생명과 같다고 해도 과언이 아니다. 그렇지만 연구의 필요성을 인류 발전과 같이 거창하게 주장할 필요는 없다. 중요한 것은 논리적이고 객관적이며 타당하게 제시하는 것이 중요한 것이다.

연구 목적은 연구의 필요성에서부터 도출된 구체적인 연구 내용에 대한 목적을 진술한 것이다. 따라서 어떠한 필요에 의한 목적인지 구체적이고 명확하게 제시되어야 할 필요가 있다. 연구 목적은 상위의 일반적 목적과 함께 하위의 세부적인 목적으로 구성될 수도 있으며 이를 바탕으로 구체적인 연구 문제를 도출한다.

연구가 기능적으로 세 가지 유형의 목적을 가질 수 있다고 성태제와 시기자(2006, p.55)는 제안하고 있다. 그들은 ① 집단 간 비교연구, ② 인과관계 및 상호관계 연구, ③ 현상을 설명하기 위한 모형 및 이론 구축 연구의 세 가지 형태를 제안하고 있다. 연구자가 하려고 하는 연구가 연구 대상자 들 간의 비교인지, 변인들 간의 인과 관계인지, 모형 구축인지에 따라 서로 다른 목적의 연구 형태를 가질 수 있고 이에 따라 연구 방법이 달라질 수 있다. 따라서 연구자는 자신의 연구가 어떠한 연구에 해당되는지 미리 구분해 본다면 다음 절에서 제시될 연구 계획을 작성할 때 어떠한 연구 방법을 사용하여야 하는지, 어떠한 분석 방법을 사용하여 어떠한 결과를 볼 수 있는지 미리 예측할 수 있을 것이다.

우리가 연구주제를 잡더라고 구체적으로 연구 질문 형태로 나타내기는 상당히 막연한데 Miles 등(1999)은 구체적인 예시를 통해 기술 할 수 있게 제안하고 있다. 연구 문제들은 여러분이 무엇을 묻고 있느냐에 따라 인과기반의 조사연구나 비인과 관계계의 조사, 정책, 평가, 관리 등의 연구로 구분하기도 하였다(Miles, Huberman, 1999).

Types of Research Questions: Example (N. L. Smith, 1987, p. 311)

Sample Questions	*General Form*
Causal-Research	
Do children read better as a result of this program?	Does X cause Y?
Do children read better in this program as compared with other programs?	Does X cause more of Y than Z causes of Y?
Noncausal-Research	
What is the daily experience of the children participating in this program?	What is X?
Are the remedial centers located in the areas of primary need?	Is X located where Y is lowest?
Noncausal-Policy	
What do we mean by "special education children" and "remediation"?	What does "Y" mean?
Is this program receiving support from state and local officials for political rather than educational reasons?	Why does S support X?
Noncausal-Evaluation	
What are the characteristics of the best CAI materials being used?	What makes W good?
How do the various minority groups view this program and judge its quality?	Does T value X?
Noncausal-Management	
What is the cost-effectiveness of the program compared with other programs?	Is X more cost-effective than Z?
How can we maximize the scheduling of classes at the centers with minimum expense?	How are U maximized and V minimized simultaneously?

연구질문 유형별 예시 사례(Smith, 1987, p311; Miles & Huberman, 1999, p24 재인용)

3 미니 연구 계획서 만들어 보기

미니 연구계획서란 필자가 짧은 시간 내에 여러 가지 연구를 동시에 진행해야하는 연구자의 입장에서 A4 한두 장으로 간단히 연구 내용을 정리하고 일정을 즉시 확인할 수 있는 계획서를 말한다. 박사과정 때 학기 중 진행되는 수업 프로젝트, 연구 아이디어, 수행하고 있는 프로젝트 등 제한된 시간 내에 많은 연구를 진행해야 할 경우 여러 연구들을 체계적으로 관리하기 위해 필자가 고안한 방법이다. 한 장에 모든 연구 계획을 담음으로써 언제나 한눈에 볼 수 있어 연구에 대한 관리는 물론 다른 연구자들과의 의사소통에도 도움이 된다(허균, 2010).

이 양식은 현재에도 대학원 수업 중 논문 작성 연습을 위해 활용되고 있다. 그러면 양식의 내용을 간략히 살펴보자.

❶ 연구 주제

연구자가 관심을 가지고 있는 주제를 적는 곳이다. 연구가 진행되는 동안 대략의 개념을 담고 있는 주제는 세련된 제목 형태로 발전시킬 수 있다.

❷ 연구 목적 및 필요성

일반적으로 논문이나 계획서에서는 연구 필요성으로 부터 연구 목적을 이끌어 내는 논리적 구조를 가지고 있지만, 미니 연구계획서에서는 연구 목적을 먼저 작성하여 보고 연구 목적에 맞는 연구가 왜 필요한지 그 필요성을 역으로 도출해 보는 것이다. 자신의 연구 논문 작성을 위한 초기 단계에서 논리를 구축하기 위한 유용한 방법이라고 생각된다.

❸ 연구 방법

양적 질적 유형에 따른 연구방법과 관련된 내용을 기술한다. 어떠한 연구 유형을 하는가에 따라 다르겠지만 대체로 자료수집방법, 실험설계/질적연구설계 유형, 신뢰도 및 타당도 확보 방안 등에 대해 간략히 개조식으로 기술한다.

❹ 추진 일정

일정별 추진계획에는 연구일정과 함께 세부적인 작업 기간의 계획을 기록한다. 마감 기간을 명기함으로써 연구 효율을 높이고 연구논문이 발전되어 가는 과정을 알 수 있다. 비고란에는 특이점이나 다른 연구자와 실험 대상자 등으로 부터 협조받을 사항 등을 메모할 수 있다.

미니 연구계획서는 꼭 이러한 틀을 따를 필요가 없지만 연구를 수행하는 사람이라면 자신의 연구가 어느 정도 진척되고 있는지 한눈에 알아볼 수 있는 지도와 같은 역할을 하는 것이 필요하고 일정하게 점검함으로써 성공적 논문 완성에 이를 수 있을 것이다. 아래 그림의 예시는 처음에는 많이 미흡한 연구였지만 계획적인 연구 진행과 지도교수님과 전문가들의 도움으로 학술 발표와 학술지 게재를 완료할 수 있었다.

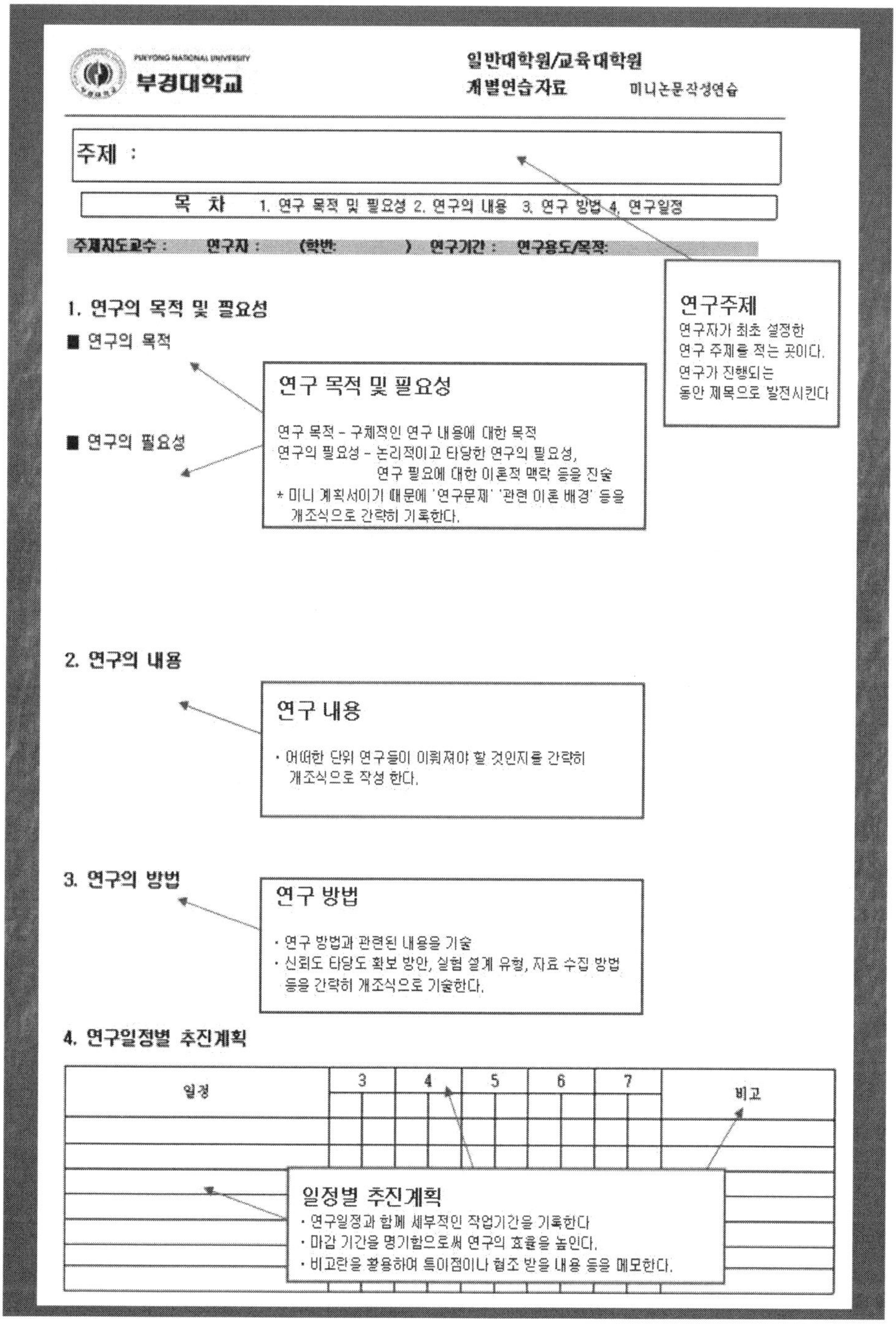

부경대학교

일반대학원/교육대학원
개별연습자료 미니논문작성연습

주제 :

목 차 1. 연구 목적 및 필요성 2. 연구의 내용 3. 연구 방법 4. 연구일정

주제지도교수 : 연구자 : (학번:) 연구기간 : 연구용도/목적:

연구주제
연구자가 최초 설정한 연구 주제를 적는 곳이다. 연구가 진행되는 동안 제목으로 발전시킨다

1. 연구의 목적 및 필요성

■ 연구의 목적

■ 연구의 필요성

연구 목적 및 필요성

연구 목적 - 구체적인 연구 내용에 대한 목적
연구의 필요성 - 논리적이고 타당한 연구의 필요성, 연구 필요에 대한 이론적 맥락 등을 진술
* 미니 계획서이기 때문에 '연구문제' '관련 이론 배경' 등을 개조식으로 간략히 기록한다.

2. 연구의 내용

연구 내용

· 어떠한 단위 연구들이 이뤄져야 할 것인지를 간략히 개조식으로 작성 한다.

3. 연구의 방법

연구 방법

· 연구 방법과 관련된 내용을 기술
· 신뢰도 타당도 확보 방안, 실험 설계 유형, 자료 수집 방법 등을 간략히 개조식으로 기술한다.

4. 연구일정별 추진계획

일정	3	4	5	6	7	비고

일정별 추진계획
· 연구일정과 함께 세부적인 작업기간을 기록한다
· 마감 기간을 명기함으로써 연구의 효율을 높인다.
· 비고란을 활용하여 특이점이나 협조 받을 내용 등을 메모한다.

미니 연구계획서 양식(허균, 2010)

미니논문계획서작성 연습 샘플

주제: 인터넷 사용과 지각의 성별 차이에 관한 탐색적 접근

관심있는 연구 주제를 적은 후 연구가 진행되는 동안 제목의 형태로 발전시킨다.

목 차 1. 연구 목적 및 필요성 2. 연구의 내용 3. 연구 방법 4. 연구일정

지도교수 : 나일주 연구자 : 허균 연구기간 : 2003.3.3 - 6.30 연구용도 및 목적 : 논문지도/학회발표

논문 작성의 목적을 생각하여 적는다.
예를 들어 대학원생이라면 학술대회 발표 등과 같은 목표를 생각하여 적어 보자.

1. 연구의 목적 및 필요성

■ 연구의 목적

이 연구는 초등학교에서 남여별 인터넷 사용 및 지각의 성별 차이를 알아봄으로써 현재 어린이 학습자에서 정보화 교육의 성별 간의 문제점과 어린이 학습자를 위한 WBI 설계시 성별에 따른 시사점을 제시하기 위함이다.

남여에 따른 성차에 관한 기초연구가 부족하며 특히 초등학교에서의 인터넷 사용 및 지각의 성차에 대한 연구는 거의 없다. 최근 정보기술의 급속한 성장으로 국내 현장에서는 ICT 교육의 일환으로 모든 교과에 컴퓨터를 이용한 수업이 이루어 지고 있다. 하지만 학습자의 특성 중 성별에 따른 ICT 교수설계 등과 같은 고려는 전혀 이뤄지고 있지 않고 있다. 따라서 초등학교에서 남여별 인터넷 사용 및 지각의 성별 차이를 알아봄으로써 현재 어린 학습자에서 정보화 교육시 발생할 수 있는 문제점을 찾고 이를 극복하는 방안을 WBI 설계나 ICT 교육자료 제작시 시사점을 제시하고자 한다.

연구 목적 - 구체적인 연구 내용에 대한 목적
연구 진행 동안 계속 수정해서 적어 보자.

■ 연구의 필요성

1. 여성인터넷 인구의 증가
2. 여성의 사회적 역할 강조
3. 초등교에서 남여의 인터넷 사용 성차에 관한 기초 연구 부족
4. WBI나 멀티미디어 자료 설계 및 개발 시 성차에 의한 고려 점에 관한 시사점 부족
5. 학습자 중심의 설계를 위함.

왜 연구가 필요한지 타당한 이유 개조식 기술
인터넷 사용과 지각에 대한 성별 차이 연구 필요성

2. 연구의 내용

1. 문헌연구 (인터넷 사용과 지각 관련)
2. 인터넷 이용 실태 조사 (남여별/연령별) - 2002/3 통계청 자료 참조
3. 초등생의 인터넷 이용실태 조사 (설문조사) - (설문조사시스템 개발-> 활용)
4. 설문조사 내용 분석
5. 시사점 정리

연구 내용에 이론적 배경 탐색, 선행연구 조사, 각종 자료조사 설문지 제작, 설문조사 시스템 개발, 분석방법 및 결과정리 방법 등을 세부적인 내용으로 제시하고 있음.

3. 연구의 방법

설문조사 방법, 조사 결과 분석방법, 분석 결과의 해석 관점 제시

1) 관련 자료 및 연구물 분석
2) 설문 조사
3) 설문조사내용 분석(T검증->남여별, ANOVA ->학년별/지각형태별)
4) 결과 활용방안 제시 - WBI/e-Learning 관련 시사점, 여성교육관련 기초자료로서의 가치

- 연구일정 기록(연구 맥락과 연구자의 상황에 맞게)
- 일정의 마감 기간 명기
- 비고란을 활용하여 특이점이나 협조 받을 내용 등을 메모

4. 연구일정별 추진계획

일정	3		4		5		6		7		비고
	전	후	전	후	전	후	전	후	전	후	
① 사전자료조사 및 지도교수면담	✔										
② 자료 분석	✔	✔									
③ 설문지 개발		✔									
④ 설문 조사			✔	✔							설문 대상 사전 협의
⑤ 분석(통계처리)					✔						통계 전문가 자문
⑥ 연구결과 정리					✔	✔					통계 전문가 자문
⑦ 지도교수 조언			✔			✔					교수님 일정 체크, 사전 연락
⑧ 보고서 작성 및 학회발표제출							✔	✔			학회 학술 발표 일정 체크

양적 조사연구 미니 연구계획서 작성 예시(허균, 2010)

	구체적 내용	연구주제 도출
❶ 나의 일상생활 나의 업무	줌을 활용한 수업 LMS 강좌 온라인 워크샵 참여 학생들 온라인 피드백 중학생 온라인 수업 대학생 온라인 수업	
❷ 나의 재미 주제 관심/흥미 주제	데이터 기반 자료 분석 소셜네트워크 종단자료분석 진로개발 및 진로교육	
❸ 선행 연구 아이디어	DSEM 다층분석 Time Series 질적변화분석	
❹ 지도(동료)연구자 조언	온라인 활동에서 법적 제도적 규제 및 정확한 인식 부재 프라이버시 저작권	
❺ 경험 확장	온라인 게임 중독 활동 하면서 학습 경험	
(최종 주제)		

〈질적연구를 위한 주제 탐색 양식〉

연구아이디어

○ 연구주제 :

○ 관련 연구 및 이론 :

○ 연구방법 :

○ 예상결과 :

4장 요약

연구주제 탐색

❶ 나의 일상 생활이나 업무

❷ 내가 재미있어 하는 주제

❸ 선행 연구를 통한 아이디어

❹ 지도교수 및 동료연구자 조언

❺ 경험의 확장

연구주제 평가

❶ 독창성

❷ 학문성과 실용성

❸ 미션 수행 가능성

❹ 재미

❺ 질적연구 맥락 타당성

미니연구계획서 만들기

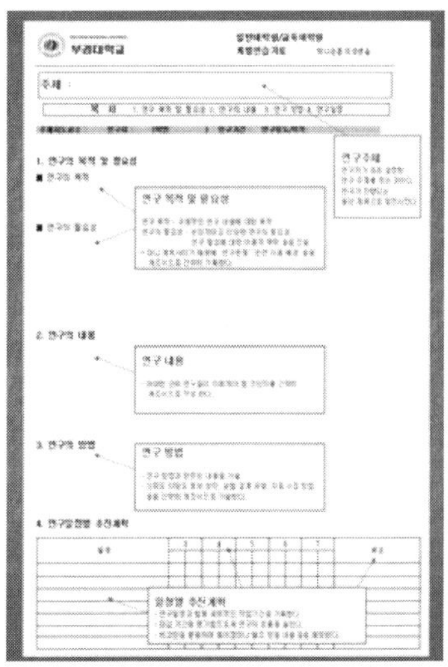

4장 연 습 문 제

* 다음 물음에 답하시오.

1. 질적연구를 위한 연구주제를 탐색하시오.

2. 설정된 연구주제를 평가하기 위한 요소를 제안하시오

3. 질적연구를 바탕으로 한 미니연구계획서를 작성하시오.

메 모

메 모

Chapter 5

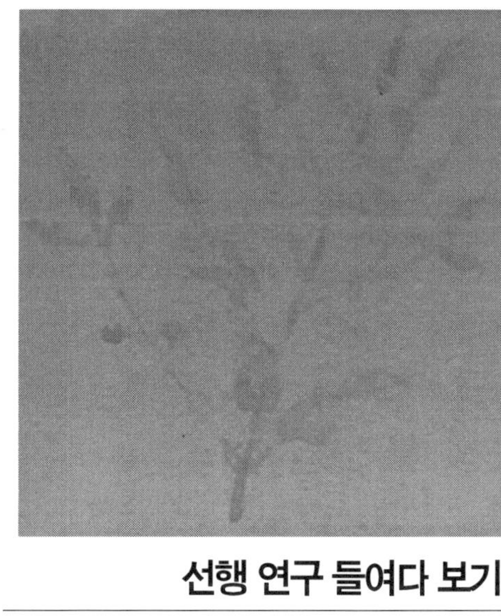

선행 연구 들여다 보기

1. 이론적 배경 구축 필요성
2. 선행 연구 유형
3. 인터넷 활용 선행 연구 탐색

제5장 ●●●

선행 연구 들여다 보기

질적연구에서도 일반 연구방법과 마찬가지로 연구자가 선택한 주제에 대한 이론적 배경을 구축해야 한다. 연구자들에 따라 질적 연구에서는 자료 수집 전에 선행연구를 먼저 살펴보는 것에 대해 연구에 대한 사전 편견을 형성할 수 있다는 주장을 하기도 한다. 하지만 학위논문이나 학술논문 작성에 있어서 이론적 배경은 필수적 요소이다. 이와 함께 연구 시작 전 연구자가 연구의 방향성을 잡기 위해 기존 연구자들의 다양한 시도와 이론들을 살펴보는 것은 당연히 필요한 연구절차로 생각된다.

본 장에서는 이론적 배경 구축과 관련한 간단한 정리, 선행연구 자료의 유형과 이론적 배경 구축 단계를 제시하였다.

1 이론적 배경 구축 필요성

이론적 배경을 구축하는 것은 연구자가 관심을 갖는 주제에 대한 이론적 및 실질적 맥락을 제시하는 역할을 한다. 이론적 배경을 통해 연구자가 관심 갖는 주제가 나만의 생각이 아니 여러 연구자들의 논의 들 중 하나로 등장하기 위한 토대가 되는 것이다. 어떤 연구 형태를 띠더라도 이론적 맥락이나 이론적 배경은 탄탄히 제시하는 것이 바람직하다. 이론적 배경 구축의 필요성을 네 가지로 간단히 정리해 보았다.

첫째, 내가 가진 연구 문제를 다양한 연구들의 맥락 속에서 살펴볼 수 있다. 연구 문제 선정 후 이론적 배경을 탐색하는 경우도 있으나 대부분은 다양한 연구들을 살펴보면서 연구문제를 다듬어 나갈 것이다. 이론적 배경을 구축하는 것은 연구자가 가진 연구 문제를 이론적으로 정교화 하는 작업을 할 것이다. 선행 연구자들의 결과와 시사점 등을 통해 연구자의 연구문제와 관련성을 고려해 보게 됨으로써 최초의 연구문제가 이론적 맥락 속에서 정교화 될 수 있는 것이다.

둘째, 연구자의 연구 의미를 부여할 수 있다. 연구 의미란 자신의 학문 영역에서 선행 연구자들이 수행해온 여러 연구 결과들과 새롭게 탐구 되어지는 연구주제와의 관련성을 밝힘으로써 연구의 의미가 부여될 수 있다.

셋째, 연구의 효과성을 향상시킬 수 있다. 연구자가 관심 갖는 연구와 관련된 주제가 이미 많이 연구된 결과라면 중복 연구를 수행해야 할 것인가? 연구자는 다시 한 번 고민해 보고 이전의 연구가 갖지 않았던 새로운 관점으로 연구의 초점을 전환할 수 있을 것이다.

넷째, 연구 방법에 대한 정보를 수집할 수 있다. 연구자가 설정한 주제를 연구하기 위해 어떠한 연구방법이 사용될 수 있는지에 대한 통찰을 얻을 수 있을 것이다. 선행 연구자들의 다양한 연구 접근법을 살펴봄으로써 본인의 연구에 양적 접근인지 질적 접근을 할 것인지 판단할 수 있고 예상되는 연구결과도 생각해 볼 수 있다.

2 선행 연구 유형

이번 절에서는 선행연구를 2차 자료와 1차 자료로 구분해 보았다. 그리고 이론적 배경을 만들기 위한 절차를 정리해 보았다.

2.1 선행 연구 2차 자료 Sources for Secondary Literature

2차 자료란 최초의 연구자의 연구 결과를 바탕으로 이해하기 쉽게 다시 기술되거나 제작되어진 자료를 말한다. 예를 들어, 대학의 교재, 전공영역의 핸드북 등은 대표적인 2차 자료이다. 2차 자료는 다양한 연구결과를 쉽게 설명하고 있어 그 분야에 대해 잘 알지 못하는 사람에게 기초적인 지식에서 전문적인 지식까지 상세히 제공해 주는 장점이 있다. 해당 주제와 관련된 대표적 논문 정보를 제공해 주고 관련 참고문헌을 제공해 주는 장점이 있다(허균, 2010).

2차 자료의 예로는 전문적 책, 백과사전, Quarterly and Annual Reviews, 핸드북 시리즈(예: Handbook of Educational Psychology), 데이터베이스(예: ERIC), 도서관 온라인 카탈로그(Online Library Catalog) 등이 있다. 연구자에 따라서는 색인, 초록 모음집, 서지 등과 같은 정보를 예비자료(preliminary sources)로 따로 구분하는 경우(Gall and et al, 1999)도 있으나 본서에서는 2차 자료에 포함시켰다. Gall 등(1999)은 2차 자료의 양호성을 판단하기 위해 ① 저자의 학문적 신임도 ②자료 탐색 절차의 합리성 ③ 인용연구의 폭과 깊이 ④ 고찰한 선행연구들에 대한 정보 제공의 양 ⑤ 선행연구에 대한 적절한 판단 정도 ⑥ 불일치한 연구결과들에 대한 해결책 제시의 여섯까지 기준을 제시하고 있다(김석우, 최태진, 2007, p.75; 허균, 2010).

2.2 선행 연구 1차 자료 Sources for Primary Literature

1차 자료란 연구자가 직접 관찰, 실험, 조사 등의 결과로 만든 보고서를 말한다. 학술지 연구 논문, 정부기관의 문서, 학술적 모노그라프, 석박사 학위논문 등이 이에 해당된다. 2차 자료로 어느 정도의 개념을 파악하고 익힌 다음 자신의 연구에 결정적으로 기여를 하는 논문은 1차 자료를 확인할 필요가 있다(허균, 2010).

McMillan과 Schumacher(2006)은 1차 자료를 신뢰성(Credibility), 저널의 명성(Journal Reputation), 적절성(Relevance)의 세 가지 준거로 판단할 것을 제안하고 있다(McMillan & Schumacher, 2006, p.89; 허균, 2010)

2.3 선행 연구를 기반으로 이론적 배경 구축하기

이론적 배경을 만드는 절차를 허균(2010)의 내용을 바탕으로 5단계로 제안해 보았다.

첫째, 연구문제에 대한 상황적 맥락을 분석하는 단계이다. 문제 상황 분석단계에서는 연구자가 관심을 가지는 연구주제와 관련된 '변인', '키워드', '개념' 등을 탐색할 수 있다. 이를 통해 세부적인 연구 결과물들을 확인할 수 있다. 구체적인 예로, '초등학생의 자기효능감에 대한 인식이 학업성취에 미치는 영향'에 대해 연구하고자 한다면, 주요 변인이나 키워드는 '자기효능감', '학업성취도'가 될 것이다.

둘째, 다양한 2차 자료를 활용하여 연구문제와 관련된 맥락을 탐색하는 단계이다. 2차 자료는 비교적 일반적인 내용을 쉽게 나타낸 경우가 많아 광범위한 접근적 장점을 가지고 있다. 2차 자료는 전문서적, 백과사전, Quarterly and Annual Reviews, 핸드북, 데이터베이스, 도서관 온라인 카탈로그(Online Library Catalog) 등을 모두 활용할 수 있다. 찾고자 하는 주제와 친숙해지기 위해 연구자를 가장 잘 이해시켜 줄 수 있는 자료를 우선 수집해야 할 것이다.

구체적으로 1단계의 예와 같이 연구자가 '자기 효능감'에 관심을 가졌다면, 반듀라의 "자기효능감 이론"을 다루고 있는 핸드북(Handbook of Psychology), 국내 저자가 번역하여 쓴 자기효능감 대학 교재, 다른 연구자가 정리하고 있는 이론적 배경의 일부로서 자기효능감 등의 2차 자료를 수집할 수 있을 것이다. 비교적 이해하기 쉬운 자료를 바탕으로 자신의 연구문제와 관련하여 생각해 보는 것이 중요하다.

셋째, 3단계 1차 자료를 검색하는 단계이다. 2차 자료를 통해 핵심적인 논문에 대한 목록, 관련 논문 정보 등을 수집하였을 것이다. 이를 바탕으로 핵심이 되는 논문은 1차 자료를 수집한다. 1차 자료 수집을 통해 원저자의 본래 의도와 상황 및 맥락을 이해할 필요가 있기 때문이다.

넷째, 4단계 내용을 정리하고 분류하여 학위논문이나 학술 논문에 넣을 수 있게 자료를 구축하는 단계이다. 수집된 자료를 바탕으로 자신의 연구 결과에 맞게 재정리하고 분류하는 작업이 필요하다. 연구자에 따라서는 이 단계에서 자료 요약카드나 노트를 만드는 것을 제안한다. 최근에는 Reference Work 이나 End Note 등의 소프트웨어를 활용하면, RISS에서 검색한 결과 리스트나 논문들을 바로 보낼 수 있게 서비스를 지원하고 있다.

다섯째, 분석 정리된 내용들을 여러분의 이론적 배경에 넣는 단계이다. 연구자가 고찰한 내용은 연구자가 작성하려고 하는 논문의 이론적 배경이 되거나 문헌연구와 같이 독립적 연구가 될 수도 있다. 연구의 목적과 성격에 맞게 정리하면 될 것이다.

3 인터넷 활용 선행 연구 탐색

연구 경험이 많지 않다면 인터넷 검색을 통해 원하는 주제를 탐색해 볼 수 있다. 최근에는 구글에 검색어만 쳐도 많은 연구 결과물들이 나와 살펴볼 수 있는 환경이 되었다. 아직 이러한 검색이 낯설다면 이번 절을 가볍게 살펴보고 활용하면 좋겠다.

3.1 웬만한 자료는 도서관 홈페이지에서 원문까지

도서관 서비스가 많이 발달되어 많은 정보들이 학교 도서관에서 논문 검색 뿐 아니라 원문까지 볼 수 있다. 교외에서 접속하고 계시면 로그인을 하고 보면 도서관에서 가입하고 있는 다양한 외부 DB 서비스의 원문까지 볼 수 있다. 아래 화면은 2021년 캡쳐한 도서관 메뉴 화면이다.

아래 캡처 화면(허균, 2010)은 2010년 경 부경대학교 도서관 홈페이지를 나타낸다. 당시 도서관의 여러 서비스 중 [전자자료검색] 부분의 서비스는 국내 및 해외 주요 논문을 찾을 수 있는 정보를 제공한다. 구체적으로 기사메타검색, 전자저널리스트 제공 서비스, 전자저널 서비스, 학술 WEB DB, e-Book 등의 서비스를 제공해 주고 있는 부분을 캡쳐한 부분이다.

도서관 홈페이지 활용(허균, 2010 재인용)

아래 캡쳐 화면은 2010년 기준 논문을 찾는 과정을 나타내고 있으며, 지금도 크게 다르지 않아 그대로 두었다. 참고하시면 됩니다.

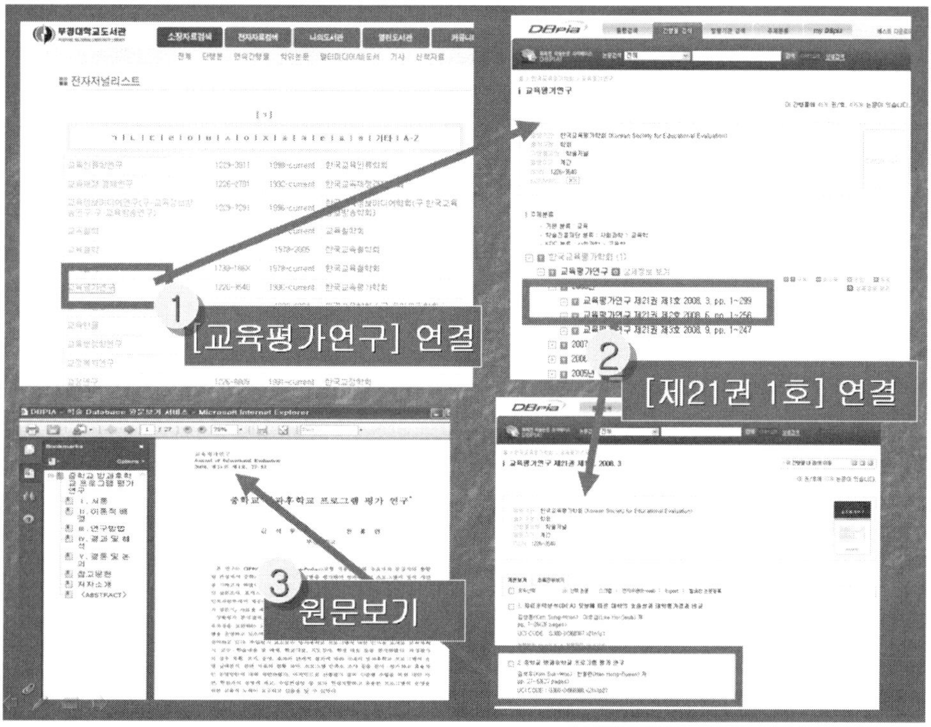

전자저널 리스트를 이용한 외부 학술 논문 원문보기(허균, 2010 재인용)

아래 캡쳐 화면도 2010년에 캡쳐한 화면이다. 2021년 지금도 거의 바뀐 것이 거의 없으니 그림을 살펴보면서 참고하면 좋겠습니다.

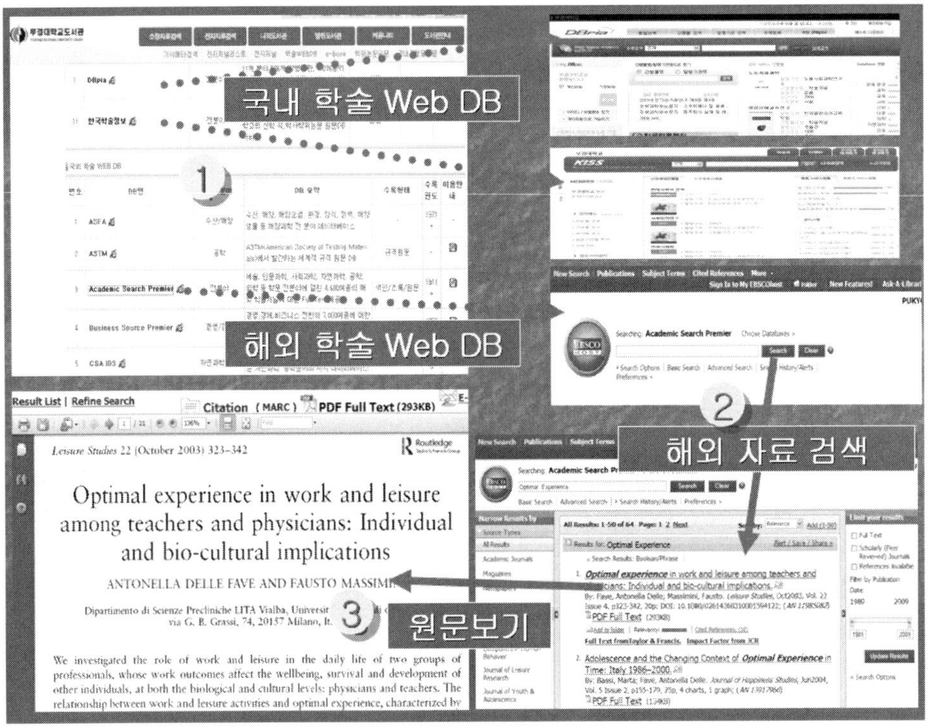

학술 Web DB 서비스를 이용한 국내외 학술 논문 검색과 원문보기(허균, 2010 재인용)

국내 인터넷 검색 주요 사이트

3.2. 학술연구정보서비스(한국교육학술정보원 운영, http://RISS4U.net)

석박사 학위논문을 찾는다면 학술연구정보서비스(RISS: Research Information Service System)를 이용하세요. 교육과학기술부 산하 연구기관 중 하나인 한국교육학술정보원(KERIS)에서 운영하고 있으며, 학위논문을 원문까지 제공하는 서비스입니다. 그 외 국내외 1,100개 학회 학술논문, 학위논문, 단행본 및 학술지 등도 통합해서 검색해 줍니다.

그 외에도 **국회도서관(http://nanet.go.kr)에서도** 석사 및 박사 학위논문, 국내 연구논문, 세미나 자료, 정기간행물, 국내 정부간행물, 신문 목록 및 해외 학술잡지, 단행본 자료 등을 검색할 수 있습니다. **국가전자도서관(http://dlibary.go.kr)**에서는 국립중앙도서관, 국회도서관, 한국학술정보원 등의 기관에서 제공하는 자료를 통합적으로 검색해 주는 서비스이다. 국내외 도서관, 유관기관, 국제기구의 웹사이트 링크 정보도 제공된다.

해외 인터넷 검색도 도서관 정보를 이용하면 원문까지 볼 수 있다. 최근에는 여러 연구자들이 간편하게 구글 스컬러를 이용하고 있습니다. 아래 캡쳐 사진은 2010년 기준이고 2021년 현재 최근은 더 많이 발전된 서비스를 제공하고 있다. http://scholar.google.com 으로 접속해서 살펴보세요.

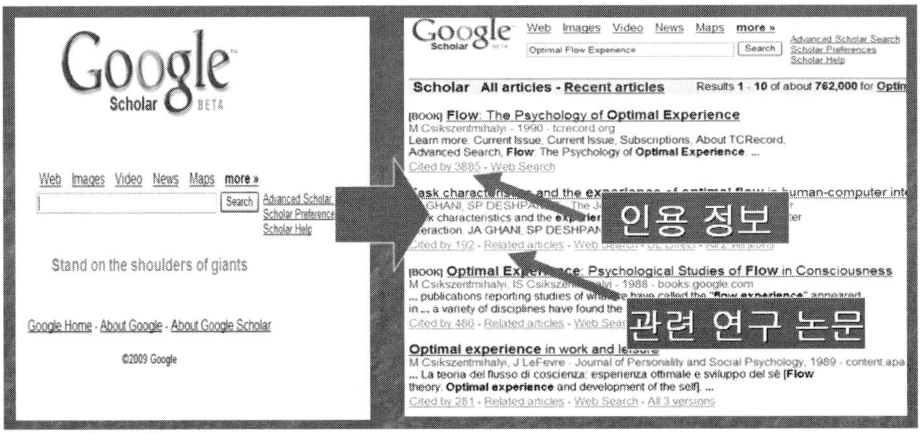

구글 스컬러 검색(허균, 2010 재인용)

디렉토리 형태의 서비스

디렉토리 서비스는 주제를 유형별로 분류하여 해당 내용을 찾아가는 방식을 말한다. 연구자가 연구 주제에 대한 해당 지식이 없을 경우 알고자 하는 주제 분류를 따라가며 정보를 획득할 수 있는 것이 특징이다. Internet Public Library(http://www.ipl.org), Librarians's Indext to the Internet(http://lii.org), Link Library(http://www.reserchnavigator.com), WWW Virtual Library(http://vlib.org) 등이 그 예가 될 것이다(허균, 2010).

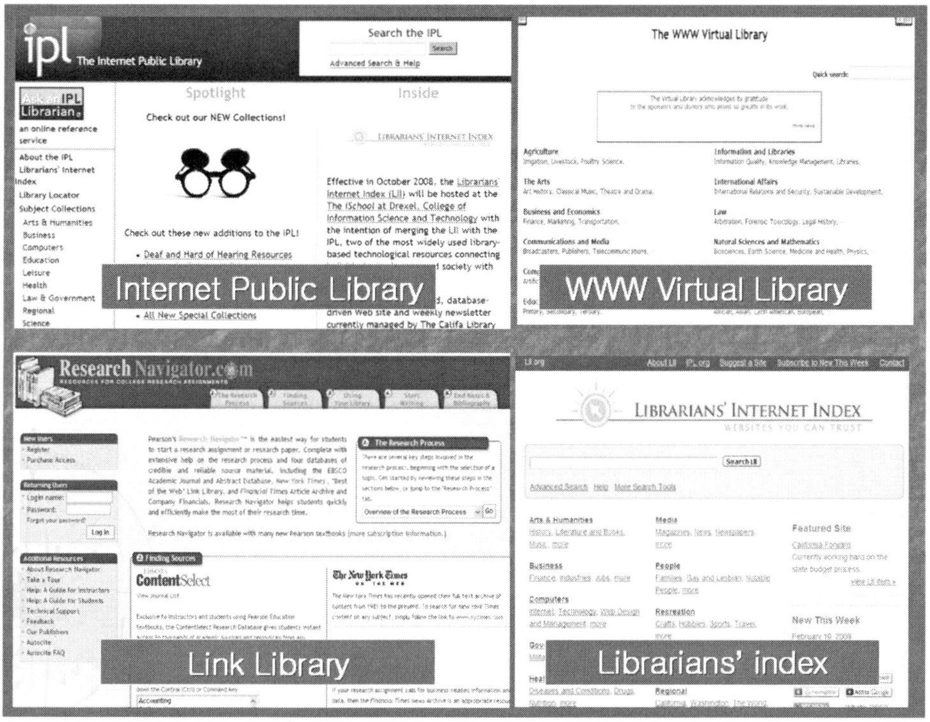

디렉토리형 도서 정보 서비스 예시 도서관 홈페이지 활용(허균, 2010 재인용)

국외 학술 Web DB 중 하나로 Academic Search Premier와 Business Source Premier 서비스를 제공하고 있다. Academic Search Premier는 예술, 인문과학, 사회과학, 자연과학, 공학, 의학 등 학문 전 분야에 걸친 4,680여종의 해외 학술저널에 대한 원문을 제공하는 서비스이다. 교육학 연구와 관련된 문헌조사도 여기서 이뤄질 수 있을 것이다. Business Source Premier는 경제, 경영, 비즈니스 전반의 7,000 여종에 대한 서지정보와 3,000여종 저널의 원문을 제공한다.

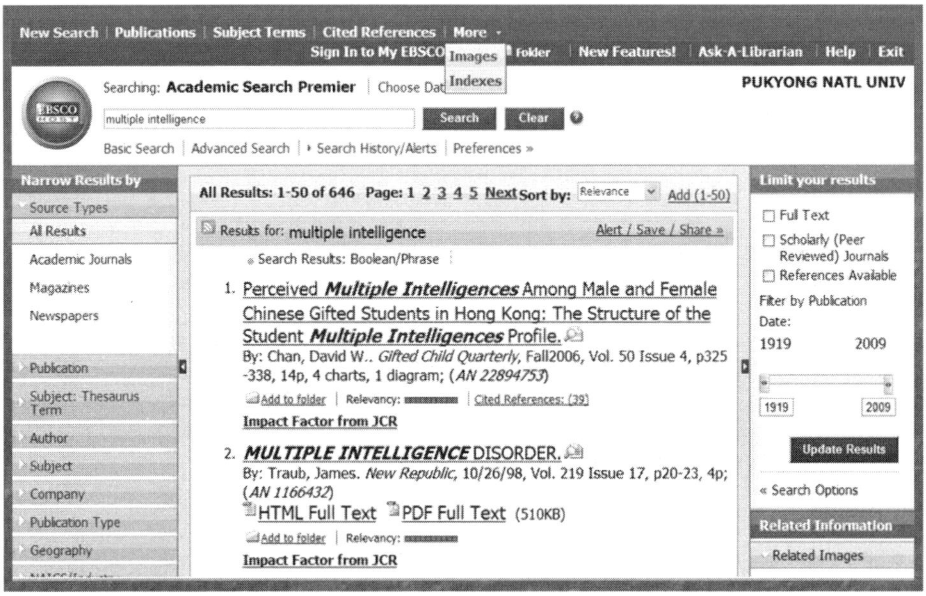

EBSCO host의 Academic Search Premier 활용 검색 예시 (허균, 2010 재인용)

JCR (http://web.ebschost.com)

국외 학술 Web DB 중 하나로 저널의 인용정보를 제공하는 서비스이다. 과학기술, 사회과학 분야의 누적 논문 수 및 인용회수를 통한 비교 및 평가 정보를 제공한다.

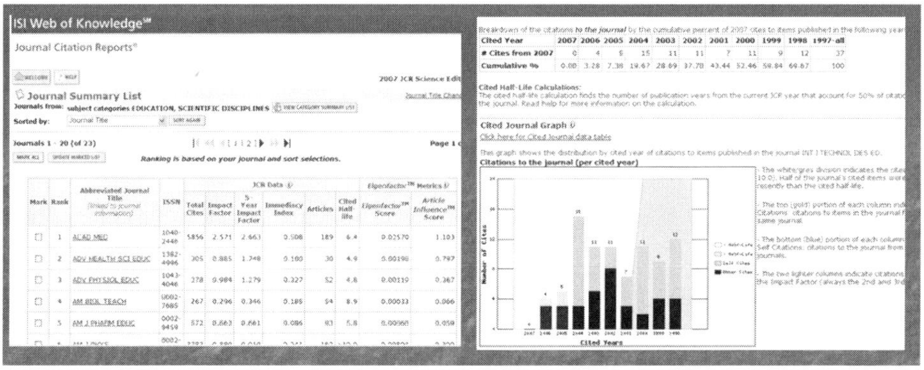

JCR 활용 검색 예시(허균, 2010 재인용)

연구아이디어

○ 연구주제 :

○ 관련연구 및 이론 :

○ 연구방법/통계분석방법 :

○ 예상결과 :

5장 요약

이론적 배경 구축 필요성

❶ 연구문제와 연구맥락

❷ 연구 의미 부여

❸ 연구 효과성

❹ 연구방법 정보 수집

선행연구 유형

❶ 2차 자료

❷ 1차 자료

❸ 이론적 배경 구축

인터넷 활용 선행연구 탐색

❶ 도서관 홈페이지 활용

❷ RISS

❸ 구글스칼라

5장 연습문제

1. 도서관 홈페이지를 통해 자신의 연구 주제 키워드를 입력한 후 연구 결과로 나온 목록 중 흥미로운 연구들을 Reference Work 화일로 저장하시오.

2. 도서관에서 제공하는 해외 DB 서비스를 활용하여 해외 논문 원문을 찾아보시오.

메 모

메 모

Chapter 6

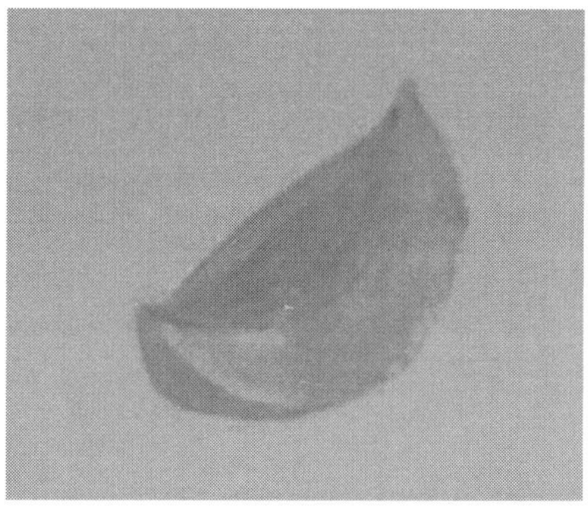

연구 설계와 자료 수집

1. 질적 연구에서 연구 설계

2. 연구대상과 IRB

3. 질적 연구에서 자료수집

제6장 ●●●

연구 설계와 자료 수집

이번 장에서는 질적 연구에서 연구설계와 자료 수집을 다룬다. 질적 연구를 위한 연구제목을 고민하였을 것이고, 이를 바탕으로 선행 연구 탐색을 통해 관련된 이론적 배경을 어느 정도 구축을 하였을 것으로 기대된다. 선행 연구를 통해 기존의 연구 방법을 살펴보면 연구 설계와 자료 수집 및 분석 방법에 대해 어느 정도 대략적 파악이 가능하다.

1 질적 연구에서 연구 설계

연구방법(Methodology)에는 구체적인 연구절차와 과정을 기술하고 있다. 이는 다른 연구자들이 동일한 절차와 과정을 통해 연구를 재 수행할 수 있게 해주며, 새로운 연구를 위한 방법적인 아이디어를 제공해 주기도 한다. 연구방법은 연구형태 예를 들면 양적 연구와 질적 연구 등에 따라 차이가 있을 수 있지만, 일반적으로 연구가설, 연구대상, 연구설계, 연구도구와 절차를 기술한다. 연구가설에서는 제시되었던 연구문제를 수집한 데이터를 바탕으로 검증 가능한 가설 형태로 진술하여 제시한다. 연구대상은 대상자의 숫자와 개별 대상자의 인구 통계학적인 특징을 기술해야 한다. 연구 대상자 범위에 따라 구분할 수 있다. 연구설계는 어떻게 연구가 진행되었는지를 나타낸다(허균, 2010).

연구 설계는 연구의 원인과 결과를 적절한 방식으로 밝히기 위한 계획적인 절차라고 할 수 있다. 우리에게 많이 알려진 연구 설계의 예로 양적 연구에서 이뤄지는 실험 설계를 예를 들 수 있다. A라는 약이 개발되었을 때 약의 효과를 검증하기 위해 실험 설계를 한다. 실험실 동물들을 대상으로 다른 외부 변인을 최대한 통제하여 약의 효과를 검증하는 것이다. 하지만 교육학 연구의 대상은 교실 현장, 자신이 맡은 학급, 특정 관심 학급 등 여러 변인들이 통제될 수 없는 경우도 존재한다. 실험 설계도 상황적 특성에 따라 몇 가지로 구분된다. 교육학과 관련된 실험 연구의 설계는 순수실험설계(true experimental design), 준실험설계(quasi-experimental design)로 구분한다.

일반적인 실험설계의 기본 모형은 그림과 같다. O는 관찰이나 특정한 검사를 나타내고, X는 실험 처치를 나타낸다. 실험의 효과는 실험 처치가 끝난 이후 관찰이나 특정한 검사의 결과와 실험처지 전의 관찰이나 결과를 비교함으로써 알 수 있다.

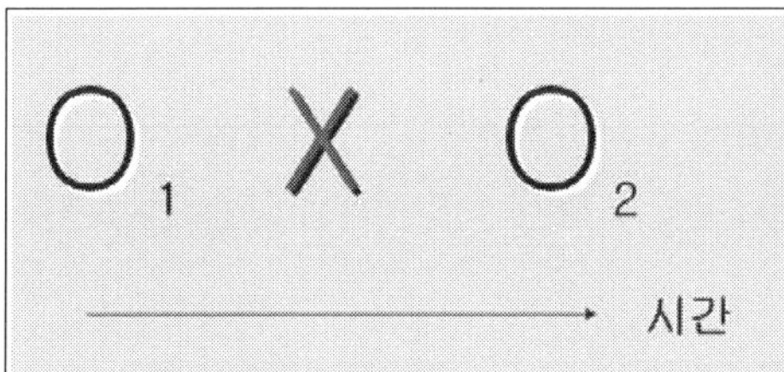

O : 관찰 Observation
X : 실험처치 Experiment(treatment)
$O_2 - O_1$: 실험처치 효과

무선	그룹	사전검사	실험(처치)	사후검사
R	A	O_1	X_1	O_2
R	B	O_3	X_2	O_4
R	C	O_5		O_6

→ 시간

〈그림 6.1.1〉 양적연구의 실험 설계 모형 예시(허균, 2010 재인용)

실험 연구 설계와 달리 통제되지 않은 환경에서 연구 문제와 관련된 질문에 대한 응답 자료를 바탕으로 연구 설계를 할 수 있다. 연구 방법에서 양적 접근과 질적 접근이 모두 가능하다. 사전 연구나 사전 지식이 없는 경우 실시하는 **탐색적 연구**, 현황이나 현상 파악을 위해 실시하는 **기술적 연구**, 현상을 해석하고 설명하기 위한 **설명적 연구** 등의 설계가 가능하다.

데이터를 수집하여 연구의 목적을 효과적으로 달성하기 위해서는 체계적인 절차와 방법이 있어야 한다. 연구 주제가 정해졌다면, 연구자에 따라서는 **어떻게 데이터를 수집하여 연구를 진행할 것인가 계획과 전략을 수립하는 것이 필요**하여 이를 데이터 수집 설계라고 개념화하였다. 데이터 수집 설계가 양적인 접근으로 이뤄진다면 조사연구와 같이 설문을 양적인 응답으로 모으고, 이를 결과로 나타낼 수 있다. 만약 질적 접근을 한다면 단순한 설문을 넘어서 다양한 질적 연구 목적과 대비하여 적합한 방식을 사용해야 할 것이다. 사전에 연구 설계를 통해 데이터 수집 과정에서 발생할 수 있는 문제점을 미리 파악함으로써 데이터 처리와 연구결과 도출에서 연구의 신뢰도와 타당도를 증진시키는데 기여한다.

Miles와 Huberman(1994)은 질적 연구설계에 있어서 **느슨한 설계**와 **치밀한 설계**로 구분하고 이의 균형이 필요하다고 제안하고 있다. **느슨한 설계란 연구에서 사전 구조화를 최소화로 하고 연구가 진행되면서 연구현장에서 드러나는 귀납적 접근 지향하는 방법**이다. 연구자가 질적연구방법에 익숙하고 연구 문제나 대상이 되는 맥락 등이 잘 이해되는 상황이라면 느슨한 설계가 적합할 수 있다. **치밀한 설계는 상세한 구조화를 통해 연구를 설계하는 방법**을 말한다. 사전에 있을 실험이나 추가적 질문이나 설명 등을 미리 상세하게 구조화하여 연구를 수행한다. 질적연구의 경험이 익숙하지 않거나 여러 가지 과부화로 놓칠 수 있는 현상을 파악하여 연구의 명확성과 연구초점을 제공한다.

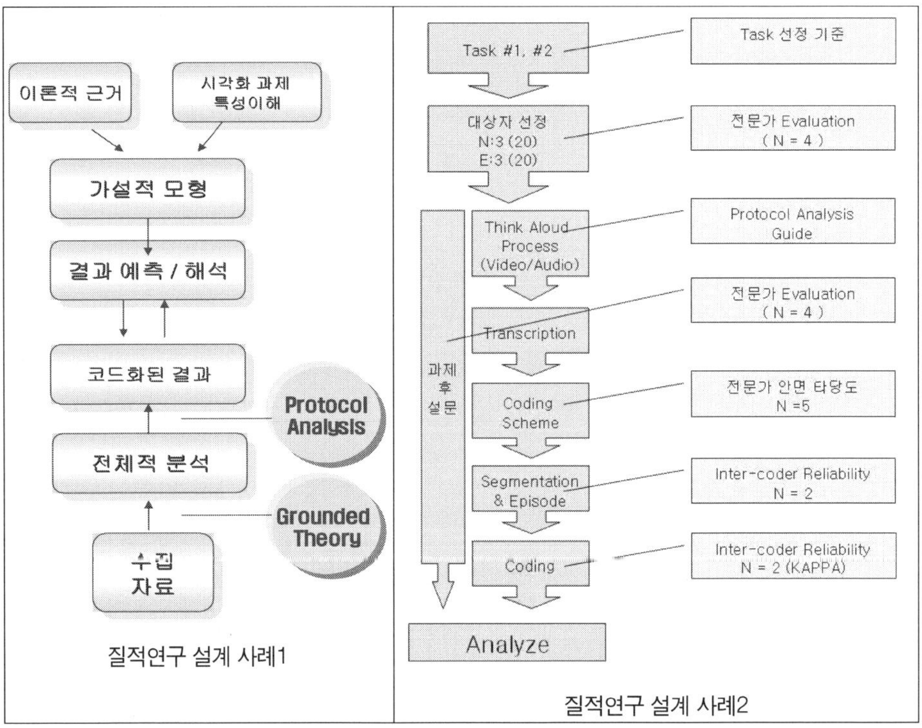

질적연구 설계 예시(허균, 2006)

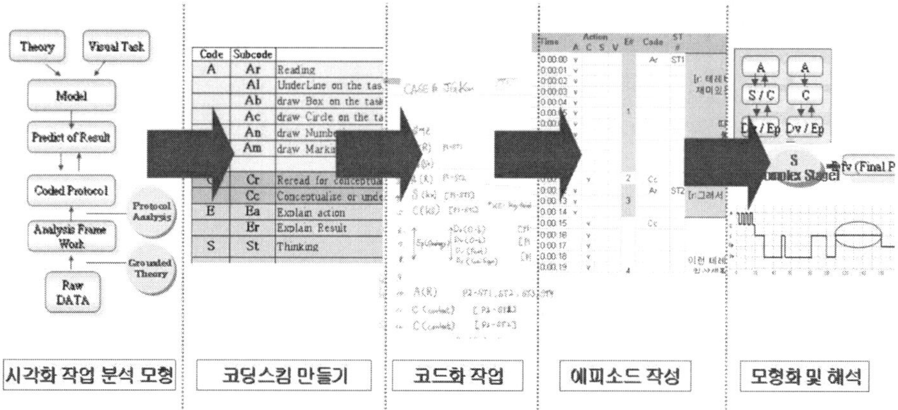

시각화 작업 분석(VTA)을 적용한 질적 연구 과정 예시(허균, 2006)

2 연구대상과 IRB(Institutional Review Board)

질적 연구에서 연구대상자는 연구 참여자이며 연구의 의미를 구성해 가는 능동적인 사람으로 인식된다. 이는 대부분의 양적 연구에서 무작위 다수를 대상으로 하는 수동적 연구대상과는 차별적인 의미를 가진다. 질적 연구에서는 양적 연구의 대표적 표집과 달리 이론적 표집(Theoretical Sampling)을 주로 한다. 이론적 표집이란 연구자가 나타내려고 하는 이론이나 원리와 관련성을 가진 내용들을 근거로 표본을 추출하는 것을 말한다. 나의 연구 문제에 가장 적절한 답을 해 줄 수 있는 경험이나 태도를 가진 사람이 누구인지를 자신만의 기준을 가지고 설정한다. 그리고 연구자는 연구를 기술하는 과정에 자신이 선정한 연구대상의 선정기준(Selection Criteria)을 밝힌다.

IRB(Institutional Review Board)는 기관생명윤리위원회를 말하며 각 기관에서 인간과 관련된 연구를 심의하는 위원회이다.

최근 연구 윤리를 위반하는 연구로 인해 사회적 물의를 일으키는 뉴스들이 있었다. 예를 들면, 2000년대 줄기세포 연구와 관련된 논문 조작 사태들로 인해 연구부정행위에 대한 논의가 있었다. 이와 함께 인간을 대상으로 하는 연구에 대한 논의가 있었고 생명윤리법이 만들어지는 계기가 되었다.

> 「생명윤리 및 안전에 관한 법률」(이하 "생명윤리법" 또는 "본 법"이라 한다)은 인간과 인체유래물 등을 연구하거나, 배아나 유전자 등을 취급할 때 인간의 존엄과 가치를 침해하거나 인체에 위해(危害)를 끼치는 것을 방지함으로써 생명윤리 및 안전을 확보하고 국민의 건강과 삶의 질 향상에 이바지함을 목적으로 합니다.
>
> [법률 제7150호, 2004.1.29, 제정][시행 2005.1.1.]

생명과학기술에 있어서의 생명윤리 및 안전을 확보하기 위하여 윤리적 · 사회적으로 심각한 영향을 미칠 수 있는 생명과학기술을 연구 · 개발 또는 이용하는 기관에 기관생명윤리심의위원회를 설치하도록 하고, 배아생성의료기관 · 배아연구기관 및 체세포복제배아연구기관 등의 지정 또는 등록 절차, 배아연구계획서의 승인기준에 관한 사항을 정하였습니다.

[법률 제9100호, 2008.6.5, 일부개정][시행 2008.12.6]
기관생명윤리심의위원회에 대한 조사 및 평가, 소속 위원에 대하여 교육 등 기관위원회 관리와 난자 제공자에 대한 건강검진, 실비 보상, 줄기 세포주 등록제 및 유전자정보의 익명화 등 유전자은행의 보관 · 관리업무를 위한 보안담당책임자 고용규정 등 현행 제도의 운영상에 나타난 일부 미비점을 개선 · 보완하였습니다.

[법률 제11250호, 2012.2.1, 전부개정][시행 2013.2.2]
배아 및 유전자 등에 관한 생명과학기술 분야에 한정되어 있는 생명윤리정책의 영역을 확대하여 인간 및 인체유래물에 관한 연구에 대하여도 생명윤리 및 안전기준을 적용함으로써 연구대상자 등의 권리와 건강을 보호하고, 국가생명윤리심의위원회 및 기관생명윤리위원회 등 생명윤리 인프라 확대를 위한 법적 근거를 강화하며, 인체유래물은행 및 유전자검사기관에 관한 규정을 정비하는 등 현행 제도의 운영상 나타난 일부 미비점을 개선 · 보완하였습니다.

출처: https://irb.or.kr/menu01/summary.aspx

대상이 사람이 될 때는 생명윤리법에 따른 인간대상연구가 되어 이러한 규정을 확인할 필요가 있다. 이는 질적연구 대상뿐만 아니라 여러분들이 양적연구, 혼합연구 등의 다양한 형태로 하더라도 적용이 되는 내용이니 확인해 봅시다. ***특히 연구대상자 대면을 통한 설문조사, 행동관찰 등 의사소통이나 대인접촉 등의 상호작용을 통해 얻은 자료를 이용하는 연구가 그 대상이 된다. 아래 내용도 확인하고 숙지합시다.***

* 생명윤리법에 따른 인간대상연구란?
- 법 제2조제1호 및 시행규칙 제2조에 따라 다음 어느 하나에 해당하는 연구를 수행한다면, 인간대상연구에 해당합니다.
1) 사람을 대상으로 물리적으로 개입하는 연구: 연구대상자를 침습적 행위 등 물리적 개입을 통해 연구대상자를 직접 조작을 하거나, 연구대상자의 환경을 조작하여 얻은 자료(data)를 이용하는 연구
2) **의사소통, 대인접촉 등의 상호작용을 통하여 수행하는 연구: 연구대상자 대면을 통한 설문조사나, 행동관찰 등 의사소통이나 대인접촉 등의 상호작용을 통해 얻은 자료(data)를 이용하는 연구**
3) **개인을 식별할 수 있는 정보를 이용하는 연구: 연구대상자를 직접 또는 간접적으로 식별할 수 있는 정보를 포함하고 있는 정보(information)를 이용하는 연구**

* 생명윤리법상 인간대상연구에서 제외되는 연구란?
- 시행규칙 제2조제2항에 따라 다음 중 어느 하나에 해당하는 경우에는 생명윤리법상에 인간대상연구에 포함되지 않습니다.
1) 국가나 지방자치단체가 공공복리나 서비스 프로그램을 검토 · 평가하기 위해 직접 또는 위탁하여 수행하는 연구
2) 「초 · 중등교육법」 제2조 및 「고등교육법」 제2조에 따른 학교와 보건복지부장관이 정하여 고시하는 교육기관에서 통상적인 교육실무와 관련하여 하는 연구 즉, 1과 2 모두에 해당하는 연구는 이 법의 적용을 받지 않습니다.

단, 1)은 국가나 지방자치단체에, 2)는 해당 교육기관의 장에 의한 공식적인 판단이 필요합니다.

출처: https://irb.or.kr/menu01/summary.aspx

심의 면제되는 내용도 확인해 봅시다. 질적연구는 심의를 받는 것이 좋을 것 같습니다.

생명윤리법상 인간대상연구라고 할지라도, 각 기관위원회는 법 **제15조제2항 내지 시행규칙 제13조에 따라 연구대상자 및 공공에 미치는 위험이 미미한 경우에 한**

하여 심의면제를 확인해줄 수 있습니다.

법 제15조제2항 내지 시행규칙 제13조에 따라 기관위원회의 심의를 면제할 수 있는 인간대상연구는 **일반대중에게 공개된 정보를 이용하는 연구**이거나, **연구대상자에 대한 개인식별정보를 수집하거나 기록하지 않는 연구**로서 다음에 해당하는 연구를 말합니다.

1) 연구대상자로 "취약한 환경의 피험자"를 포함하지 않는 연구로서 연구대상자를 직접 조작 하거나 연구대상자의 환경을 조작하여 얻은 자료(data)를 이용하는 연구라 할지라도 다음 각각의 경우에는 심의를 면제합니다.
 ① 약물투여나 혈액채취 등의 침습적 행위가 개입되지 않은 연구,
 ② 신체적 변화가 초래되지 않는 단순 접촉 측정장비 또는 관찰장비만을 사용하는 연구,
 ③ 「식품위생법」 시행규칙 제3조에 따라 판매 등이 허용되는 식품을 이용하여 맛 또는 질을 평가하는 연구, 또는
 ④ 「화장품법」 제8조제1항 및 제2항에 따른 안전기준에 적합한 화장품을 이용하여 사용감 또는 만족도 등을 조사하는 연구

2) 연구대상자로 "취약한 환경의 피험자"를 포함하지 않는 연구로서 의사소통이나 대인접촉 등의 상호작용 즉, 연구 대상자 대면을 통한 설문조사나, 연구대상자의 행동관찰 등을 통해 얻은 자료(data)를 이용하는 연구라 할지라도, **그 연구대상자가 불특정하며, 연구대상자로부터 "민감정보"를 수집하거나 기록하지 않는 연구는 심의를 면제**합니다.

3) 1)과 2)에 해당하지 않더라도, 연구대상자를 직접 또는 간접적으로 식별할 수 있는 정보를 포함하고 있는 정보(information)를 이용하는 연구로서 이 때 연구대상자 등에 관한 정보가 이미 생성된 기존의 자료나 문서를 이용하는 연구는 심의를 면제합니다.

※ "심의면제"란, 생명윤리법에 따른 구성 및 운영요건을 갖춘 기관위원회의 정규 심의를 받지 않아도 된다는 의미이긴 하나, 기관마다 그 구체적인 연구계획서에 따라 면밀한 검토가 필요합니다.

※ 따라서 심의면제를 확인 받으려면, 연구계획서를 해당 기관의 기관위원회 또는 공용위원회에 제출하여 확인을 받아야 하며, 기관에 따라 심의면제를 적용하지 않거나, 신속심의 등으로 운영할 수 있습니다.

https://irb.or.kr/UserMenu01/Exemption.aspx

연구의 설계 단계에서부터 질적연구는 인간을 대상으로 하는 경우 "생명윤리 및 안전에 관한 법률"과 관계되는지 확인하고 적절한 심의나 심의면제를 받은 후 진행할 필요가 있습니다.

자신의 연구주제를 보고 자신의 연구가 '기관위원회 심의대상'인지 '기관위원회 심의면제대상'인지 확인합니다. 그리고 연구계획서와 관련 신청서류 들을 준비하여 담당자에게 신청합니다. 여러분의 경우는 학과 조교 선생님께 신청하시면 담당자와 연락을 통해 알려줄 것입니다.

신청서와 함께 연구계획서, 연구대상동의서 및 설명문 등의 관련 자료가 제출되어야 됩니다.

이 후 내용은 실제 신청서와 관련 서류를 제출한 사례를 나타냅니다. 한번 보시고 자신의 연구를 위한 IRB 계획서를 작성해 봅시다.

❶ IRB(기관생명윤리위원회 심사) 신청서 작성 사례

❷ 연구참여 동의서 작성 사례

❸ 인터뷰 계획서 요약

❹ 인터뷰 예시 문항

❶ IRB(기관생명윤리위원회 심사) 신청서 작성 사례

[별지 제1호 서식]

기관생명윤리위원회 심사신청서(제9조 관련)

수신 : 부경대학교 기관생명윤리위원회 위원장

다음과 같이 연구계획서의 기관생명윤리위원회 심사를 요청합니다.

연구과제명		**일반계고 학생의 졸업 후 **에 대한 분석 (질적 연구를 수행을 위한 인터뷰 계획)**		
영문과제명				
과제번호		(기관관리번호)c-d-20**-****		
연구진	성명	소속	직위	연락처
연구책임자	허*	부**	교*	051-6**-5***
공동연구원	김**	광**	교*	
신청 연구계획 기간		(20**.**.**)부터 (20**.**.**)까지 (　년　개월)		
연구종류		단독연구 (　○　)	다기관 연구: (　)기관	다국가 연구 : (　)국
연구대상자 수		약 (　12　) 명		
취약한 환경의 연구대상자 여부		1. 임산부 : □ 2. 인지능력 결여 성인 : □ 3. 연구기관, 연구책임자의 피고용인 : □ 4. 소속기관의 피고용인 또는 학생 : ■ 5. 시설에 수용된 자 : □ 6. 미성년자 : ■ 7. 장애인 : □ 8. 사회적 소수자 : □ 9. 기타 : (기술하세요) 10. 해당 없음 : □		
연구의 형태		1. 연구대상자에 대한 채혈, X-선 투시, 투약 처치 등 물리적 개입이 있는 연구 : 예 □ / 아니오 ■ 2. 연구대상자의 개인 식별정보의 이용 여부 : 예 □ / 아니오 ■ 3. 연구대상자 모집을 위한 광고, 전단 (인터넷, 전자메일 등) 사용 여부 : 예 □ / 아니오 ■		
동의 취득		서면동의 (　V　) 동의서 첨부	동의면제(　) : 사유기재	
신청일자		.　.　.	연구책임자	허* (서명)
접수일자			접수자 확인	(인)
제출서류 목록		1. 연구계획서 1부 2. 연구대상자 동의서 양식 1부 3. 인터뷰 계획서 요약 1부 4. 인터뷰 문항 예시 1부		

❷ 연구참여 동의서 작성 사례

〈연구참여 동의서 〉

연구과제명: **일반계고 ·· 에 대한 분석**

본인은 연구자들로부터 본 과제 수행을 위한 인터뷰(면담)의 목적, 내용, 면담과정, 녹음 등에 대한 충분한 설명을 들었으며, 본인이 희망하는 경우 인터뷰(면담)를 언제든지 그만둘 수 있다는 설명도 들었습니다. 인터뷰를 하는 동안 진로와 관련된 경험에 대해 질문 받을 것을 알고 있습니다. 이에 본 연구를 위한 인터뷰(면담)에 참여 할 것에 동의합니다.

년　　　월　　　일

연구책임자　　　　　　　　(인)

연구자 참여자　　　　　　　(인)

❸ 인터뷰 계획서 요약

일반계고 **에 대한 분석
(질적 연구를 수행을 위한 인터뷰 계획) 요약

연구목적: 일반계고 **을 목적으로 함.

연구대상: 일반계고 학생을 대상으로 하며, 필요시 교사, 학부모 등을 면담할 수 있다.

인터뷰(면담) 준비 작업: 반구조화된 인터뷰 문항으로 구성되며 인터뷰 문항 예시는 첨부함.

자료 분석: 인터뷰 내용을 요약하거나 녹음하여 내용을 분석할 예정임.

❹ 인터뷰 예시 문항

–일반계고 **에 대한 분석

인터뷰 예시 문항

[학생용]

1. 진로 진학 결정에 가장 많은 영향을 미친 것은 무엇입니까?
   (예: 담임교사와 상담, 진로 담당교사와 상담, 사교육 종사자와 상담, 부모님과 대화, 친인척과 대화, 진로관련 검사, 상급학교 방문 및 입시 설명회 참석, 대중 매체 및 온라인 커뮤니티를 통한 정보 수집 등등)

2. 진로 진학 결정시 본인이 가장 중요하게 생각하는 것은 무엇입니까?
   (예: 여가시간, 소득수준, 성장 가능성, 봉사 여부, 학과(전공)의 흥미와 적성 등등)

....

[교사용]

1. 진로 진학을 위해 학교에서 학생에게 길러주어야 하는 개인 역량 중 가장 필요한 것은 무엇이라고 생각하십니까?
   (예 : 자아 존중감, 학업적 자기 효능감, 창의성, 배려(공감 능력), 다문화 이해 역량, 지식정보처리 활용 역량, 학습전략, 정서적 처리 역량, 자기주도 학습 역량, 시험 스트레스 관리 역량 등등)

3 질적 연구에서 자료수집

질적 연구에서 연구문제가 설정되었다면 적절한 자료를 수집하는 것에서부터 본격적인 연구가 시작된다.

Creswell(2013)은 여러 질적연구가 공통적으로 갖는 자료수집 활동을 현장이나 개인을 찾기, 대상을 접근하여 라포 형성, 의도적 표본 추출, 자료 수집, 정보 기록, 현장이슈 탐색 및 해결, 자료저장으로 나타냈다.

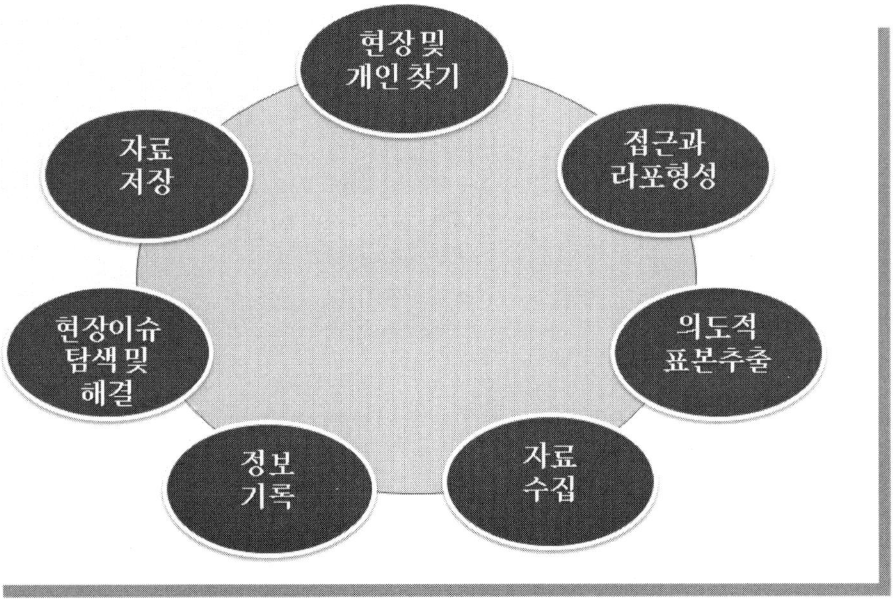

〈그림 6.3.1〉 Creswell(2013)의 자료수집 활동

그림에서는 다섯 가지 질적 연구 접근별 자료수집 활동을 정리하고 있다. '현장 및 개인들'에서는 전통적으로 연구의 초점이 무엇인지를 다루고 있다. '접근과 라포'에서는 연구 대상자에 대한 접근이나 라포 형성 과정에서 중요한 문제가 무엇인지를 고민하게 한다. '의도적 표본추출'에서는 연구 대상자들을 어떻게 선택하는가 부분에 대해 다루고 있다. '자료 수집'에서는 연구의 과정에서 자료들이 어떠한 형

태로 수집되는지에 대해 다루고 있다. '정보 기록'에서는 정보가 어떻게, 어떠한 방법으로 기록되는지에 대해 이야기하고 있다. '현장이슈 탐색 및 해결'에서는 자료수집 과정에서 현장에서 고려되어야 할 부분이나 해결해야 하는 점들에 대해 말하고 있다. '자료 저장'에서는 정보를 어떻게 저장할 것인가와 관련된 부분에 관해 이야기하고 있다.

질적연구 자료수집 방법으로 ❶ 반구조화된 면접 ❷ 문서 ❸ 시청각 자료 등으로 구분해 볼 수 있다.

❶ 반구조화된 면접

FGI, 이메일, 대면, 온라인, 전화 등

촬영, 녹음, 전사 등을 통해 기록될 수 있음.

❷ 문서

연구일지, 공문서(공식메모, 의사록, 기록물 등), 자서전, 사적문서, 의료기록

사진촬영, 영상 촬영 등을 통해 기록될 수 있음.

❸ 시청각 자료

개인이나 집단 등의 다양한 상황을 자료 녹화

웹사이트 검토

소리, 음악 등의 수집

이메일, 게시판, SNS, 전화, 메시지 등.

일반적인 자료 수집방법은 현장 관찰이나 기록물과 같은 문서자료, 인터뷰 등을 통해 자료를 수집한다. 연구의 관점에 따라 현장에 대한 묘사를 중시하기도 하고 연구주제 이슈나 과정에 초점을 맞출 수도 있다. 현장에서 연구자가 열린 접근을 통해 자신이 경험한 것을 기록한다. 이때 연구자의 직관에 따라 기록한다. 중요한 것은 자료가 수집되는 데로 바로 코드화하여 정리할 필요가 있다.

연구아이디어 1

○ 연구주제 :

○ 관련연구 및 이론 :

○ 연구방법 :

○ 예상결과 :

6장 요약

질적 연구에서 연구 설계

- 탐색적 연구, 기술적 연구, 설명적 연구
- 느슨한 설계 : 연구에서 사전 구조화를 최소화로 하고 연구가 진행되면서 연구현장에서 드러나는 귀납적 접근 지향하는 방법
- 치밀한 설계 : 상세한 구조화를 통해 연구를 설계하는 방법

연구대상과 IRB

- IRB(Institutional Review Board)는 기관생명윤리위원회
- 대상이 사람이 될 때는 생명윤리법에 따른 인간대상 연구가 되어 이러한 규정을 확인
- 질적연구 대상뿐만 아니라 여러분들이 양적연구, 혼합연구 등 모든 연구에 적용
- 특히 연구대상자 대면을 통한 설문조사, 행동관찰 등 의사소통이나 대인접촉 등의 상호작용을 통해 얻은 자료를 이용하는 연구가 그 대상

질적 연구에서 자료 수집

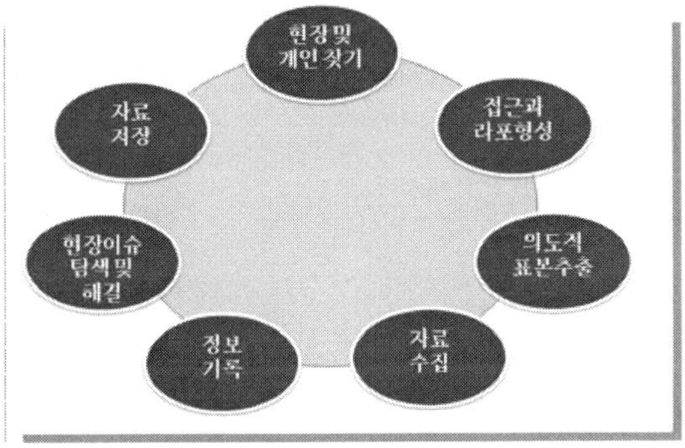

6장 연습문제

1. 자신이 설정한 연구 주제에 대한 연구 설계를 하시오.

2. 자신이 설정한 연구 주제와 관련된 IRB를 작성해 보시오.

메 모

메 모

Chapter 7

질적 연구 코딩하기

1. 자료 코드화 하기
2. 코딩 과정 예시
3. 코딩 구조화

제7장 ●●●

질적 연구 코딩하기

1 자료 코드화 하기

코딩이란 연구를 위해 수집한 자료들을 체계적으로 코드를 부여하는 방법이다. 쉽게 말해서 원자료(raw data)에 질서를 부여하는 것이다. 질서를 부여하기 위해서는 선행연구로 도출된 코드체계를 바탕으로 연구를 진행하는 상향식 (top-down) 접근법과 근거이론(ground theory)과 같이 연구자가 코드체계를 자유롭게 부여한 후 하나의 체계를 이루어가는 하향식(bottom-up) 접근법을 취할 수 있다. 아주 많은 원자료는 코딩과정에 의해 체계를 가진 데이터로 변환된다. 자료를 선별하고 내용을 축소, 요약하며 해석하고 추상화하여 연구 질문과 관련된 다양한 연결점으로부터 연구의 의미를 이끌어 낼 수 있다. 연구자가 가지는 생각을 인터뷰와 연결하여 그 의미를 잘 이끌어 낼 수 있을 때 적절한 코딩을 했다고 할 수 있다.

수집된 자료를 코드화 하는 과장에서 다양한 코드들은 연구 맥락으로 재개념화 된다. 연구자는 연구참여자가 가지고 있는 다양한 맥락(Context)을 파악할 수 있게 된다. 연구참여자가 가지는 다양한 맥락은 인식맥락으로 이해될 수 있고, 이러한 인식 맥락의 파악을 위해 어떠한 전제조건하에서 발생하는지, 어떠한 상호작용이 발생하고 그 결과로 어떠한 일이 일어나는지 등을 코딩과정을 통해 분석할 수 있게 해 준다.

코딩의 과정은 한 번으로 끝나는 것이 아니라 여러 번의 과정을 거치면서 정제되고 이론화 된다. Miles 등(2014)은 Saldana(2013)의 2단계 코딩방식을 활용하여 첫 번째 주기의 코딩과 두 번째 주기의 코딩으로 구분하여 정리하고 있다.

첫 번째 주기 코딩에서는 자료에 부여되는 25가지 형태의 다양한 접근법을 소개하고 있다. 이 부분은 Miles 등(2014)의 4장 발표자료를 참고하면 좋겠다. 코딩의 근본적인 접근법으로 설명적 코딩, 인비보코딩, 과정코딩을 제안하고 있다. 주관적인 경험에 관해서는 감정코딩, 가치코딩, 평가코딩으로 구분하고 있다. 탐구 방식에 따라 전체적 코딩, 임시적 코딩, 가설적 코딩으로 구분하고 있으며, 코딩 방식이 분명할 때는 규약코딩과 인과적 코딩을 제안하고 있다. 그 외에도 속성코딩, 크기코딩, 하위코딩, 동시코딩 등의 다양한 코딩방식을 제안하고 있다.

두 번째 주기 코딩에서는 첫 코딩 에서 나온 것을 기반으로 다시 한번 코드화 하는 작업이다. 이를 패턴코딩이라고 제안하고 있으며, 더 작은 수의 범주나 개념으로 묶는 작업이 이뤄진다.

Stauss와 Corbin(1998)은 근거이론을 통해 세 가지 코딩 단계를 제안하였다. 처음 단계를 개방코딩, 두 번째를 축코딩, 세 번째 단계를 선택적 코딩이라고 하였다. 초기에 개방코딩을 통해 하위수준의 개념의 코드들을 만든다. 그리고 이 코드들이 어떻게 관련이 되어 반복적으로 출연하는지 개념을 묶어 나간다. 유사성을 묶어 통합된 범주를 만들 수 있고, 이들 범주로 부터 핵심 범주를 이끌어 내어서 이론을 도출하는 과정을 거친다. 이 부분에 대한 것은 한유리 박사님에 제시하는 영상이나 블로그 자료(https://blog.naver.com/qualresearch)를 활용하여 익혀보자.

여러 연구자들은(Stauss & Corbin, 1998; Glaser & Straus, 1967; Chamaz, 2014; Miles et al., 2014) 대부분 한 가지 단계가 아닌 여러 단계를 거치는 코딩 과정을 제안하였다. 코딩 과정에서 단순히 자료를 범주화 하는 것이 아니라 연구자의 해석을 바탕으로 자료들을 재개념화 하는 것을 알 수 있다. 이를 정리하면 다음과 같이 정리할 수 있다.

코딩 단계	샤마즈	근거이론(스트라우스와 코빈)	글래서	마일즈	종합
1차 코딩	초기코딩	개방	개방	1차	초기 개념화
2차 코딩	초점코딩	축	선택	패턴	재개념화
3차 코딩	이론적 코딩	선택	이론		
...N차 코딩					이론화

2 코딩 과정 예시

코딩을 통해 개념화를 하는 과정을 살펴보자.

성공적인 학습 경험에 대해 인터뷰 한다고 가정하자. 여러 학생들에게 자신만의 성공적인 학습경험을 인터뷰하여 바로 코딩하는 작업을 하고 있다.

❶ 공통 "개념" 생성하기

성공적인 학습을 위해 반드시 수업 전 5분이라도 미리 배울 내용에 대해 학습한다고 하였다. 또 어떤 학생들은 수업 후 5분 정도는 반드시 복습을 하려고 한다고 하였다. 어떤 학생은 수업시간에 집중하여 학습하려고 한다고 하였다. 이러한 내용들이 공통적으로 가지고 있는 개념을 어떻게 생성할까?

예를 들어, 수업 전 미리 예습하고 수업 후 복습하며, 수업 중 집중하는 이러한 활동들의 공통점을 찾아낸다면 효율적인 학습 습관에서 비롯된다고 할 수 있다. 이런 맥락에서 "효율적 학습 습관"이라는 개념을 생성해 낼 수 있을 것이다.

❷ 차별적 특성 구별하기

"효율적 학습 습관"의 공통적 개념을 잡았지만 각각의 인터뷰 내용들은 차별적 특성을 가지고 있다. 인터뷰 내용을 다시 한번 살펴본다면 시간을 중심으로 학습 습관을 수업 전, 수업 중, 수업 후로 구분해 볼 수 있다. 이를 바탕으로 공통적 개념으로 생성된 "효율적 학습 습관"은 "수업 전 학습 습관", "수업 중 학습습관", "수업 후 학습습관"으로 구별 할 수 있고, 이를 각각의 코드로 나타낼 수 있다.

이후 단계에서는 인터뷰 내용을 코딩화 하고 이를 개념화하는 작업을 계속하여 자신의 연구 내용을 이끌어 내는 것이다.

코딩 예시를 살펴보자. 학생들에게 성공적인 학습 경험에 대한 인터뷰 내용을 보고 엔비보 프로그램을 활용하여 코딩하는 화면을 캡처 하였다. "나는 교재를..... 공부하였다" 부분에 대한 코딩을 할 경우 코딩한 예이다.

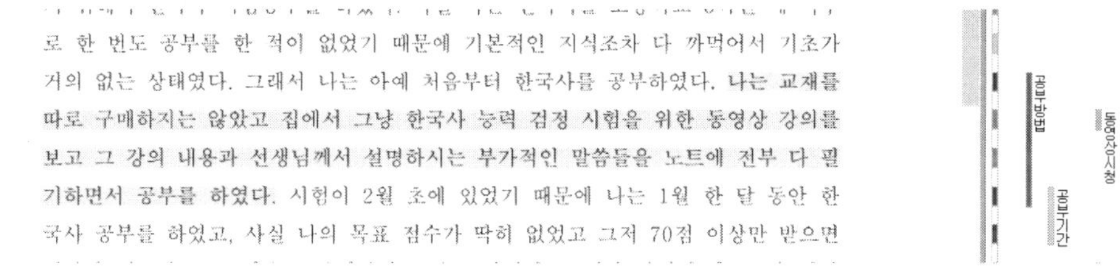

코딩 방법	설 명
설명적	한 단어 또는 짧은 구절로 요약
인비보	참여자의 언어
행동/과정	참여자의 행동/상호작용 동작기술

"나는 교재를 따로 구매하지는 않았고 집에서 그냥 한국사 능력 검정 시험을 위한 동영상 강의를 보고 그 강의 내용과 선생님께서 설명하시는 부가적인 말씀들을 노트에 전부 다 필기하면서 공부를 하였다."를 코드화 한다면 설명적으로 "공부방법" 이라고 코드화 할 수 있다. 이를 참여자 언어를 활용한다면 "필기하며 공부"라고 할 수 있다. 참여자의 행동이나 상호작용 동작 기술에 초점을 둔다면 "설명듣기와 노트필기하며 학습하기"라고 코딩할 수도 있을 것이다.

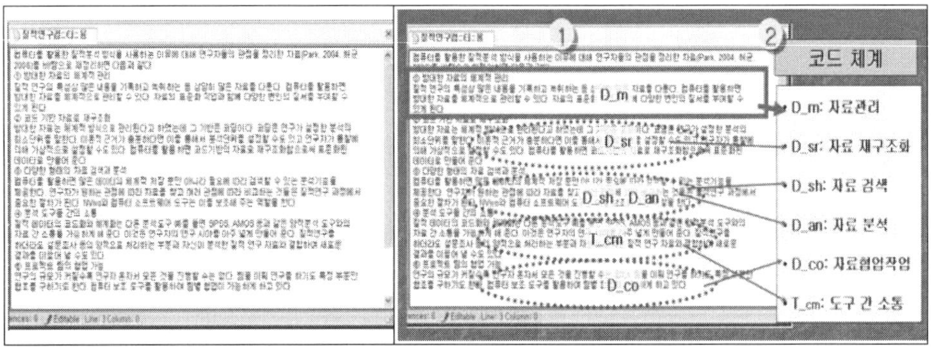

NVivo 활용 코딩하기 과정 (허균, 2010)

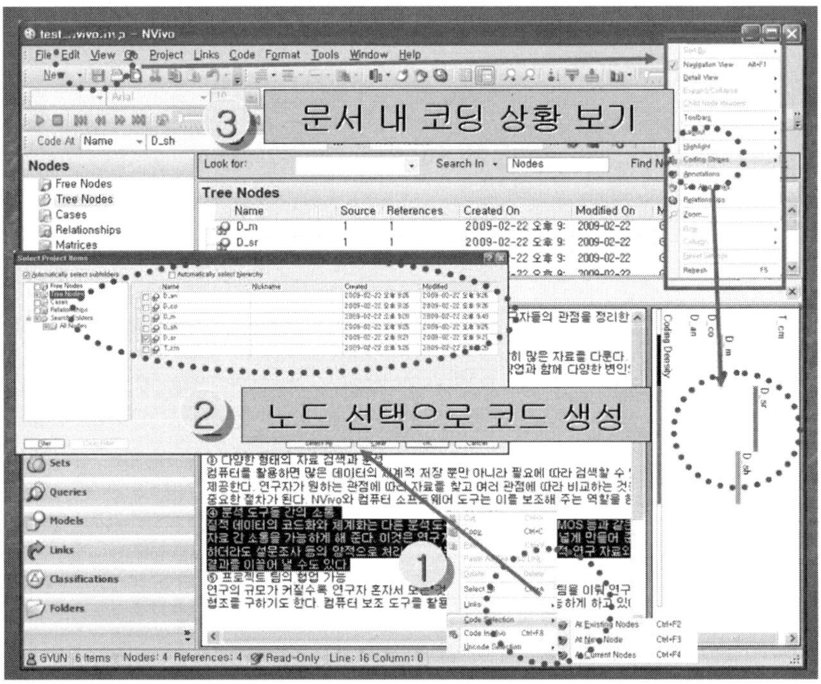

NVivo 활용 코딩하기 과정 (허균, 2010)

3 코딩 구조화

코딩을 구조화 한다는 것은 재코딩 과정에서 관련성을 찾아 구조적으로 연결하는 작업이다. 이러한 작업을 통해서 연구자가 파악하고자하는 연구문제를 보다 분명하게 규명해 내고 자신만의 이론화를 가능하게 한다. 대부분의 코딩 과정에서는 초기 코딩 이후의 단계에서 코딩 결과들 간의 구조화를 위해 재코딩 과정을 거친다. 이러한 과정을 Glaser(1978)은 선택적 코딩, Strauss & Corbin(1998)은 축코딩, Charmaz(2014)는 초점코딩 등과 같이 제안하고 있다.

Strauss & Corbin(1998)은 연구 맥락과 관련된 코딩된 다양한 요소들을 연결하는데 도움이 될 수 있는 구조화 틀을 사용하였다. 구조화 틀을 패러다임 모델이라고 부르고 핵심적인 요소로 중심현상, 조건, 상호작용, 결과로 구성하였다. 중심현상에서는 '무엇에 대한 것인가?'와 같은 질문을 통해 현재의 상황이나 과업 등을 파악할 수 있는 요소이다. 조건은 언제, 어디서, 어떠한 조건에서 중심현상들이 발생하는지에 초점을 두었다. 상호작용에서는 사람들이 어떻게 상황이나 문제에 대해 반응하고 있는지에 초점을 두고 있다. 그리고 결과에서는 상호작용의 결과로 나타나는 부분을 나타내고 있다.

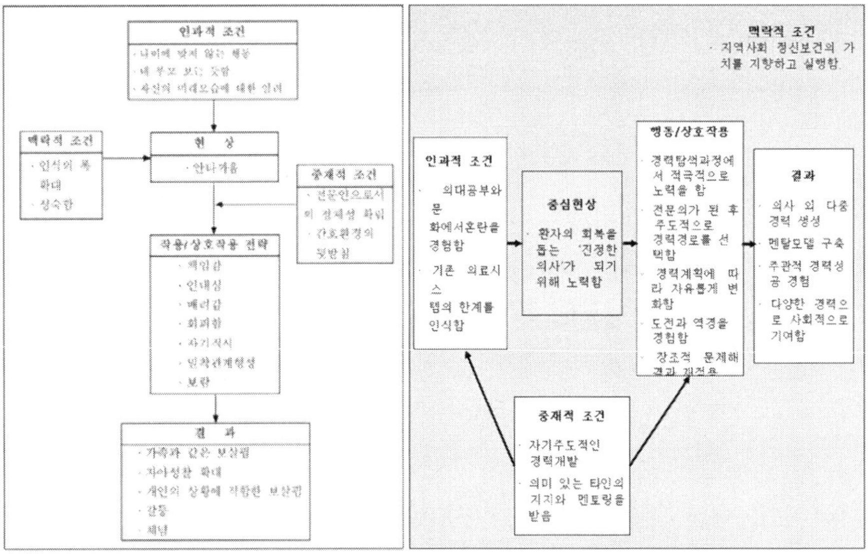

출처: 김미영(2001) 박사학위논문(p.67), 송정희(2017) 박사학위논문(p.141)

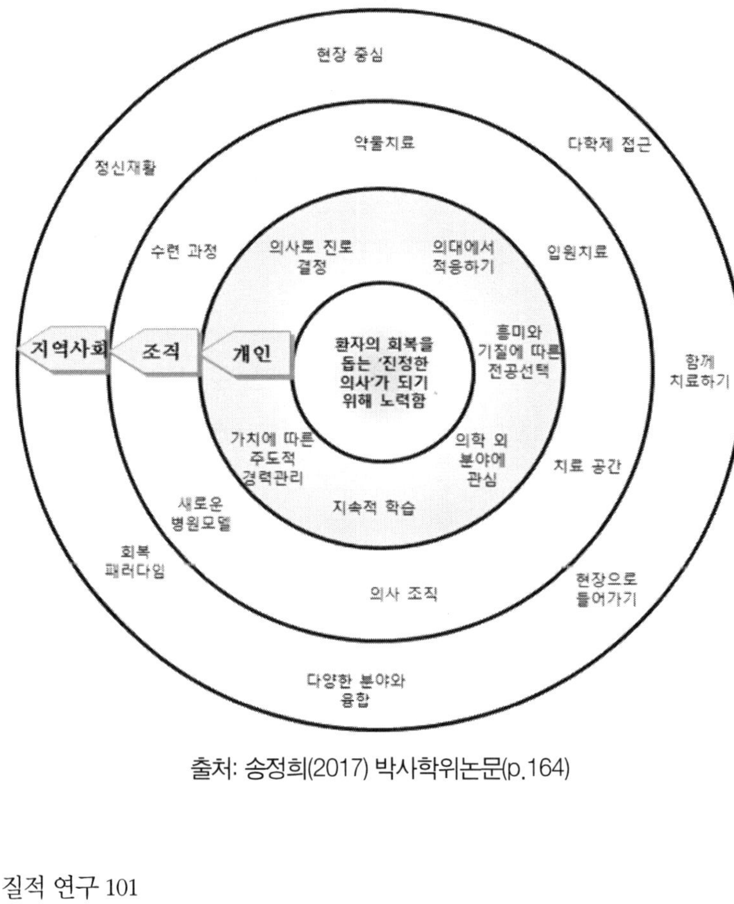

출처: 송정희(2017) 박사학위논문(p.164)

7장 요약

자료 코드화

코딩이란 연구를 위해 수집한 자료들을 체계적으로 코드를 부여하는 방법

코딩과정 예시

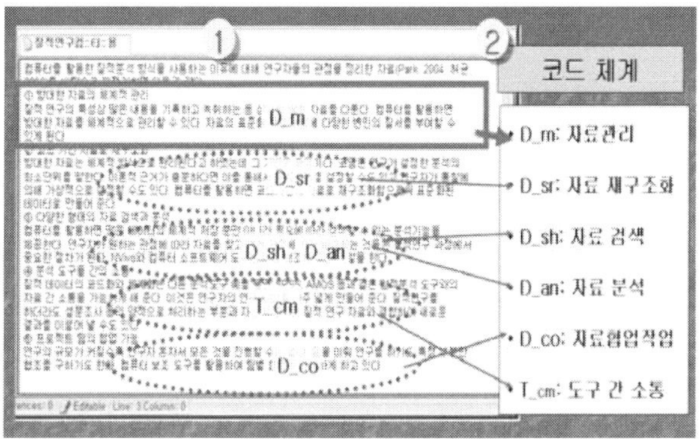

코딩의 구조화

패러다임 모형

7장 연습문제

1. 자료 코드화 방법과 절차에 대해 설명하시오.

2. 코딩과정의 예시를 들어 설명하시오.

3. 패러다임 모형에 대해 설명하시오.

메 모

메 모

Chapter 8

코딩 결과 정리하기

1. 코드 빈도수 나타내기

2. 매트릭스로 요약하기

3. 시각화하기

제8장 ●●●

코딩 결과 정리하기

1 코드 빈도수 나타내기

코딩 과정을 거쳐 자신만의 개념으로 코드를 재구조화한다. 이러한 과정은 상당히 시간 소요가 많이 걸리며 연구자의 많은 고민을 하게 한다. 이러한 과정이 마무리되고 나면 최종적인 개념을 담고 있는 코딩 결과들을 결과보고를 위해 정리한다. 당연한 이야기겠지만 중간에 코드 빈도수를 나타내어 보거나 시각화를 해 보는 것도 좋은 전략이다.

연구 결과 제시에서 연구에서 나타난 전반적인 코드에 대한 정보를 나타내는 것은 독자들로 하여금 연구 결과에 대한 신뢰를 높게 한다. 이를 위해 다양한 맥락에서 코드 빈도수를 제시할 수 있다.

코딩 빈도수 결과를 허균(2006)에서는 아래 표와 같이 정리하고 있다. 대분류, 중분류, 소분류 등은 코딩 과정에서 정리된 자신만의 코드가 될 것이며 빈도수는 얼마나 코드가 등장하는가를 나타낸다. 질적연구에서 빈도수가 양적연구처럼 기계적으로 해석되는 것은 아니고, 연구 맥락에 맞게 해석하면 된다.

NVivo를 활용한 최초 코딩 코드 빈도수 제시 예시

대분류 코드	중분류	소분류	빈도수
분석(A) 코드	Ar	-	164
	Al	-	27
	Ab	-	11
	Ac	-	6
	Aw	-	0
	Aa	-	0
	A_relation	-	0
	An	-	0
	Ar_Look	-	4

출처: 허균(2006)에서 재구성.

진로와 관련 질적연구를 진행하고 코딩하는 과정에서 나타날 수 있는 결과물의 일부를 나타내며 가상적으로 구성하였다. 초기에 다양한 인터뷰 내용에서 코딩 결과로 부터 개념을 설정하고 하위범주나 상위범주로 재 구성한 후 그 빈도를 아래 표와 같이 나타낼 수 있을 것이다.

진로 관련 범주 및 개념과 빈도수 제시 예시

상위 범주	하위범주	개념	빈도수
진로목표설정	진로 고민	여러 가지 진로에 대해 고민	27
	초기 목표 설정	진로 목표를 설정함	6
	목표 수정	현실에 맞게 자신의 진로 목표를 수정함	4

실제 연구에서는 다양한 연구 상황과 맥락에 맞게 정리할 수 있다. 아래 표는 코딩 과정이 연구 참여자가 활동하는 것을 관찰하여 이를 코드화 한 것이었다. 따라서 코드들이 어떻게 변화되었는지와 함께 시간 소요나 작업장의 환경 변화 등에 대해서 맥락적으로 나타낼 수 있다.

연구 맥락에 따른 빈도수 제시 예시

주제별	작업장			소요시간 (분:초)	에피소드 개수
주제 1	E#1	10:06	31	17:08	47
	F#1	3:34	7		
	F#2	3:28	9		
----------------중간 생략-------------------					
전체	E#5	6:10	11	11:28	27
	TE#1	5:18	13		
	TF#1	2:28	3		

출처: 허균(2006)에서 재구성

CAQDAS 도구 중 하나인 NVivo를 활용하여 보자. 다양한 버전이 있고 지금도 업그레이드가 되고 있다. 경제성과 효율성을 살펴 무료버전을 적극 활용하자. 버전에 따라서 약간의 기능 차이가 있으나 기본적으로 코딩 하고, 이후 다양한 검색 기능과 테이블 정리 기능이 있다. 탐색을 통해 여러 조합으로 코드들을 찾고, 정리하고, 생각을 정리하여 시각화하여 나타내기가 반복적으로 일어난다.

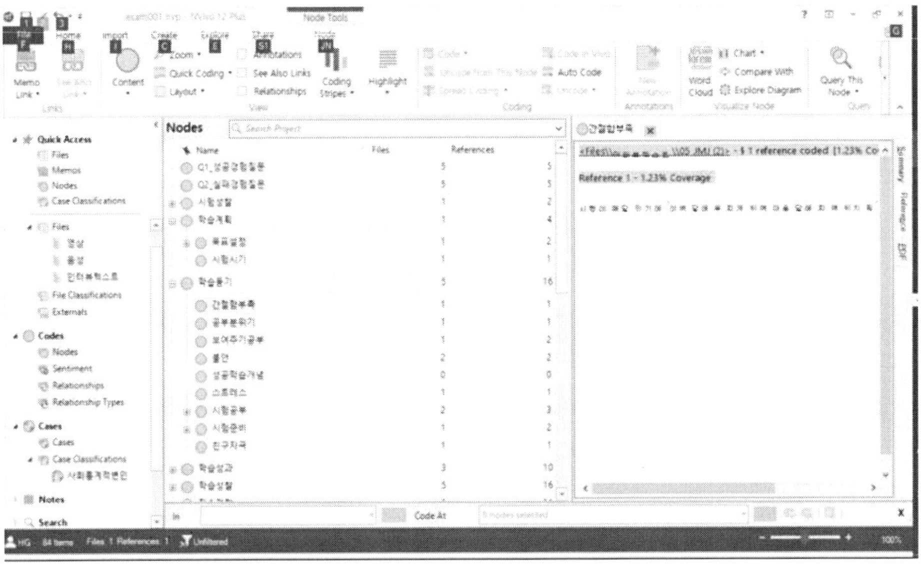

2 매트릭스로 나타내기

코딩을 통해 다양한 종류들의 자료들을 DB화 하였다면 결과 정리를 위해서 다양한 형태의 결과를 도출하게 된다. 이중 가장 많이 제시하는 것이 표(매트릭스)로 제시하는 것이다. 앞 절에서 '빈도로 나타내기'가 기초적인 정보를 나타내는 것이라면, 매트릭스로 나타내는 것은 연구자의 연구 관심 주제에 따라 다양한 자료들을 재구조화해서 결과를 제시해 주는 것이라고 할 수 있다.

매트릭스를 활용한 코드 리스트 제시 예시

INNOVATION PROPERTIES	IP-OBJ	3.1
IP: OBJECTIVES	IP-OC	3.1.1
IP: ORGANIZATION	IP-ORG/DD, LS	3.1.1
IP: IMPLIED CHANGES–CLASSROOM	IP-CH/CL	3.1.4
IP: IMPLIED CHANGES–ORGANIZATION	IP-CH/ORG	3.1.5
IP: USER SALIENCE	IP-SALIENCE	3.1.2
IP: (INITIAL) USER ASSESSMENT	IP-SIZUP/PRE, DUR	3.1.3, 3.4, 3.5
IP: PROGRAM DEVELOPMENT (IV-C)	IP-DEV	3.1.1, 3.3.3, 3.3.4
EXTERNAL CONTEXT	EC (PRE) (DUR)	3.2, 3.3, 3.4
EC: DEMOGRAPHICS	EC-DEM	
In county, school personnel	ECCO-DEM	3.2.3, 3.3, 3.4
Out county, nonschool personnel	ECEXT-DEM	3.2.3, 3.3, 3.4
EC: ENDORSEMENT	EC-END	3.2.3, 3.3, 3.4
In county, school personnel	ECCO-END	3.2.3, 3.3, 3.4
Out county, nonschool personnel	ECEXT-END	3.2.3, 3.3, 3.4
EC: CLIMATE	EC-CLIM	3.2.3, 3.3, 3.4
In county, school personnel	ECCO-CLIM	3.2.3, 3.3, 3.4
Out county, nonschool personnel	ECEXT-CLIM	3.2.3, 3.3, 3.4
INTERNAL CONTEXT	IC (PRE).(DUR)	3.2, 3.3, 3.4
IC: CHARACTERISTICS	IC-CHAR	3.2.2, 3.4, 3.5
IC: NORMS AND AUTHORITY	IC-NORM	3.2.2, 3.4.3, 3.5
IC: INNOVATION HISTORY	IC-HIST	3.2.1
IC: ORGANIZATION PROCEDURES	IC-PROC	3.1.1, 3.24, 3.3, 3.4
IC: INNOVATION-ORGANIZATION CONGRUENCE	IC-FIT	3.2.2
ADOPTION PROCESS	AP	3.2, 3.3
AP: EVENT CHRONOLOGY–OFFICIAL VERSION	AP-CHRON/PUB	3.2.4, 3.3.1
AP: EVENT CHRONOLOGY–SUBTERRANEAN	AP-CHRON/PRIV	3.2.4, 3.3.1
AP: INSIDE/OUTSIDE	AP-IN/OUT	3.2.5
AP: CENTRALITY	AP-CENT	3.2.2
AP: MOTIVES	AP-MOT	3.2.6
AP: USER FIT	AP-FIT	3.2.7
AP: PLAN	AP-PLAN	3.3.3
AP: READINESS	AP-REDI	3.3.4, 3.2.1
AP: CRITICAL EVENTS	AP-CRIT	3.3.1
SITE DYNAMICS AND TRANSFORMATIONS	TR	3.4

출처: Miles & Huberman(1994)재인용

많은 인터뷰 자료들은 대부분 텍스트로 되어 있다. 이로 인해 전체 파악이 쉽지가 않다. 매트릭스나 시각화 방식으로 결과를 제시한다면 연구자의 연구결과 전달과 함께 공감적 이해가 보다 쉽게 될 것으로 생각된다. 이를 위해서는 여러분이 모은 전체 자료에 해당되는 데이터 베이스에서 연구문제와 직결된 것들을 체계적으로 시각화해서 제시할 필요가 있다. 다양한 차원의 것을 체계적으로 제시하는 방법 중 하나가 매트릭스 제시방식이다.

Miles & Huberman(1994)은 매트릭스 결과 예시(Corbett & Wilson, 1991)와 같이 연구에서 나온 다양한 정보들을 매트릭스를 활용하여 정보를 제공할 것을 제안하고 있다. 아래에 예시로 제안된 매트릭스 에서는, 매트릭스의 상단에는 인터뷰 대상자로 교감, 부교감, 다른 중앙사무소, 건물관리자, 교사, 다른 전문가, 학생, ??? 등을 나타낸다. 범주에는 인터뷰 한 사람의 총 수, 지역의 평가 프로그램, 주(State)의 평가 프로그램, 지역내부적 맥락 등으로 구성되어 있다. 아마도 상단의 숫자의 의미는 각 인터뷰 대상별로 인터뷰한 사람 수를 나타내는 것으로 생각된다. 여러 프로그램이나 맥락적으로 효과가 있다고 강조하고 있는 부분이 비교 가능하게 나타나 있다.

매트릭스를 활용한 결과정리 제시 예시1

Category		*Supt.*	*Asst. Supt.*	*Other Central Office*	*Bldg. Adm.*	*Teachers*	*Other Prof. (GCs)*	*Students*	*????*
Total interviewed		1	1	10	3	8	3	12	1
Local Testing Program					†				
– Planning									
– Implementation									
– Institutionalization									
State Testing Program								†††	
– Levels Standards		†		††	†	†††	†	†††††††	
– Competencies								†††	†
– Consequences		†		†††	†	†	††	†	
Internal District Context									
– Instructional	– Prior	†				†			
	– Effects		†	††††	†††	†††††	†	†	†
– Organizational	– Prior								
	– Effects		†	†††††	††	††††	††		
Cultural	– Prior	†	†	†		†			†
Environmental Context									
– SEA		†	†	†††	†				
– Community			†		†††	††††	†		†
– Media					†				
Test Scores / Alternative Criteria									

출처: Miles & Huberman(1994) 재인용; Corbett & Wilson(1991)

Miles, Huberman & Saldana(2014)매트릭스 형태로 자료를 정리함으로써 결론을 이끌어 내는데 도움이 될 수 있게 시각화 할 수 있다고 제안하고 있다. 이를 위해서는 비교, 패턴 파악, 경향 파악, 일관된 배열 등을 통해 다양한 인터뷰 데이터들의 요약정보를 제공해야 한다고 강조하고 있다. 연구자가 애초에 가졌던 연구문제와 맥락적으로 일치할 수 있는 내용을 중심으로 일관되고 집중적으로 제시하는 것을 권하고 있었다. 반면 불필요하거나 오해를 일으킬 수 있는 부분은 생략하는 것이 좋을 것 같다.

아래 사례는 학교 현장에 테크놀로지와 같은 혁신을 도입하기 위해 각 기관의 지원과 관련된 연구결과를 매트릭스로 정리한 것이다. 이는 상단 제목과 같이 위치, 사용자평가, 제공 유형, 단기효과, 장기결과, 연구자 설명 등으로 정리되었다. 가운데 단기적 효과는 사용자 진술을 위주로 기술하고 있다. 이를 중심으로 좌측은 코드화 하면서 1차 분석을 통해 도출한 것이며, 장기적 결과는 연구자가 제시하고 이에 대한 설명이 추가되어 있음을 볼 수 있다.

매트릭스를 활용한 결과정리 제시 예시2

LOCATION	USER'S ASSESSMENT	YPES PROVIDED	SHORT-RUN EFFECTS (USER'S 'STATE')	LONGER-RUN CONSEQUENCES	RESEARCHER EXPLANATIONS
Building Administratio	++ ++ - +	. authorizes changes . eases schedules . controls fidelity . consults, offers solutio	1. relieves pressure, encourages 2. helps early implementation 3. feeling policed 4. feeling backed-up, substantially helped	users are helped administratively and substantively, feel obliged to do ECRI with minor adaptations	administration, authority, servicing, availability and flexibility lead to sustained, faithful implementation model
Central Office Administratio	+ ++	. promotes ECRI . answers building administration, trainers requests	1. pressures non-users 2. building administrato have material, administrative suppor	program is perceived as supported, assisted, 'protected' by central office	central office able to push program and answer requests, yet not perceived as main actor by users
Helping Teacher	++ + ++ ++ +-	. provides materials . demonstrates, models . answers requests . encourages . circulates, controls	1. reduces effort, increases repertoire 2. trains, facilitates use 3. problems solved rapidl 4. maintains level of effort 5. ambivalent: helped ye coerced	new, experienced users receive systematic instruction, follow-up, materials; stay with program and are careful about making changes in it	personalized in-service mechanism, with both training and assistance allows for mastery and spread of ECRI in 'faithful' format
User-Helping Teacher Meetings	++ + + +	. comparing practices wit others . debugging, complainin . learning about new part . encouragement	1. encourages, regulates 2. cathartic, solves shor run problems 3. expands repertoire 4. gets through rough moments	creates reference group, gives users a voice, solves ongoing problems and lowers anxiety	multi-purpose forum which consolidates use and users, defuses opposition
Teacher-Users in Other Schools: Target Schoo	+ + +	. sharing materials . exchanging tips, solutions . comparing, encouragin	1. increases stock 2. new ideas, practices; problems solved 3. motivates, stimulates	increases commitment, regulates use (decreases deviance)	additional source of assistance, which increases as number of users grows
Trainers in Target School Other School	++ ++ + +	. tips for presentations . solution to short-term problems . encourages . serves as successful mo	1. facilitates practice 2. helps expand beyond core format 3. maintains effort 4. stimulates	reliable, unthreatening backup provided in school	elaborate and effective lateral network: trainers seen as peers

Legend: ++ = very effective
+ = effective
+- = mixed effective
\- = ineffective

출처: Miles & Huberman(1994) 재인용

연구 참여자가 다양한 속성을 가지고 있다면 이들의 공통점과 차이점을 대비하는 것이 필요하다. 이때 코드값과 대상자의 비교 매트릭스를 통해 결과를 나타내면 보다 효과적으로 결과를 나타낼 수 있다. 당연한 이야기겠지만 코딩된 결과 값들은 이를 질적으로 설명하기 위해 양적인 결과가 활용될 수도 있다. 아래 표는 실제 허균(2006)에서 NVivo를 활용하여 코드화한 결과를 빈도수를 바탕으로 전문가와 초보자의 코드값을 대비적으로 나타내는 예시를 나타낸다. 최근의 연구자들은 질적 연구의 과정에서 나타나는 다양한 양적인 결과물들을 바탕으로 통계적 유의성을 함께 제시함으로써 양적연구와 질적연구의 경계를 허물고 연구자가 가진 연구 문제 자체에 관심을 두는 경우가 증가하고 있다.

NVivo를 활용한 최초 코딩 코드 빈도 차이 제시 예시

(단위 : 개)

코드값	전문가	초보자	코드값	전문가	초보자
분석(A) 코드	212	394	결정(D) 코드	713	479
Ar	164	260	Dpage	13	0
Al	27	75	D_method	54	25
중간 생략					
Ab	11	23	D_order	2	0
Ac	6	15	D_diagram	7	0
중간 생략					

출처: 허균(2006)에서 재구성

NVivo와 같은 소프트웨어에서는 데이터베이스화된 자료로 부터 “탐색”을 통해 매트릭스를 자동 생성할 수 있다. 구체적으로 “탐색” 메뉴의 Crosstab 메뉴나 Matrix Coding 메뉴를 통해 행과 열에 대한 정보를 입력하면 그 결과를 매트릭스로 살펴볼 수 있다.

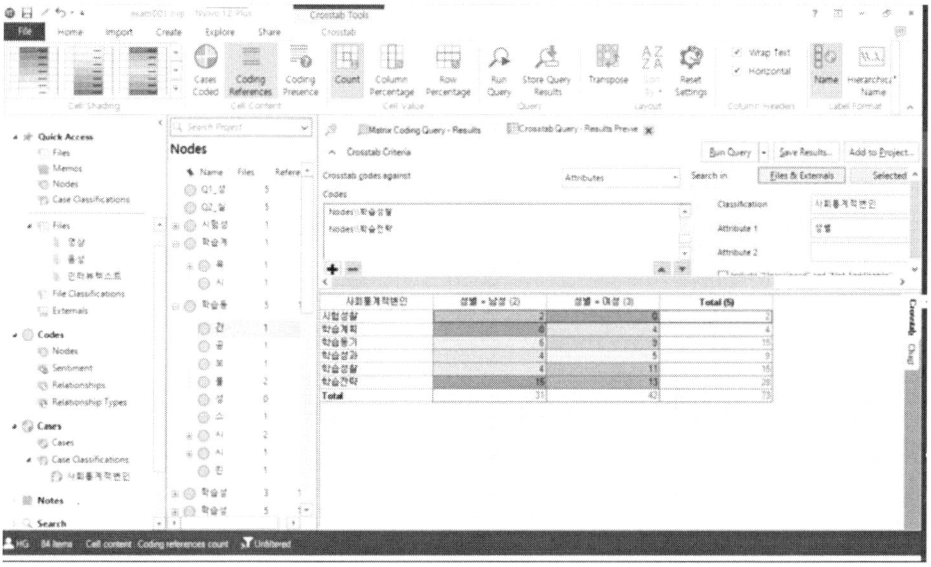

아래 표는 실습 예시에서 상위로 코딩한 결과인 시험성찰, 학습계획, 학습동기, 학습성과, 학습성찰, 학습전략 코드와 성별 변인과의 매트릭스를 나타내었다. 직관적으로 코드 결과를 비교해 볼 수 있으며 빈도 수의 정도에 따라 아래와 같이 색으로 표시해서 나타내어 준다.

사회통계적변인	성별 = 남성 (2)	성별 = 여성 (3)	Total (5)
시험성찰	2	0	2
학습계획	0	4	4
학습동기	6	9	15
학습성과	4	5	9
학습성찰	4	11	15
학습전략	15	13	28
Total	31	42	73

3 시각화하기

여러분들이 수집하고 분석한 자료를 연구결과가 잘 드러날 수 있게 시각화해서 나타내 보자. 허균(2006)의 언어정보의 시각화 과정 학위 논문 내용 중 시각화한 부분의 그림들을 가져왔다. 여러 가지 자신만의 시각화 아이디어를 얻어보자.

❶ 작업내용이나 물리적 자료의 시각화(Working Visualization)

연구자나 연구참여자가 작업한 내용이나 그 과정 문서들은 시각화 대상이 되며 독자들에게 연구에 대한 보다 깊은 이해를 위한 단초가 되기도 한다. 아래 그림은 허균(2006)의 언어정보의 시각화 과정의 전문가 활동을 시각화한 사례이다.

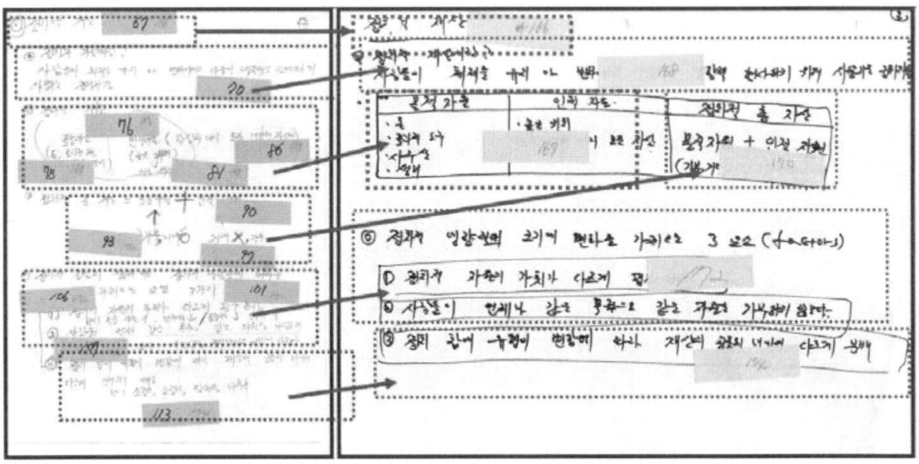

[그림 8-3-1] 전문가의 초기결정 과정 시각화 예시(허균, 2006)

❷ 코딩 과정이나 차원 및 속성들의 시각화 (Attribute Context Visualization)

연구자나 연구참여자가 코딩작업을 하다 보면 코드 내에 여러 가지 특성들을 가지고 있는 경우가 있다. Strauss와 Corbin(1998)은 이러한 부분을 차원이나 속성 등으로 개념화하여 구분하기도 하였다. 성별을 코딩하였다면 구체적으로 남, 여 등은 대표적인 속성이다. 이런 복잡한 속성이나 차원 등을 개념화하고 시각화 해 보자. 이는 연구의 차원을 높이는 자료가 되기도 한다. 아래 그림은 허균(2006)의 언어정보의 시각화 과정 논문에서 속성을 시각화한 사례이다.

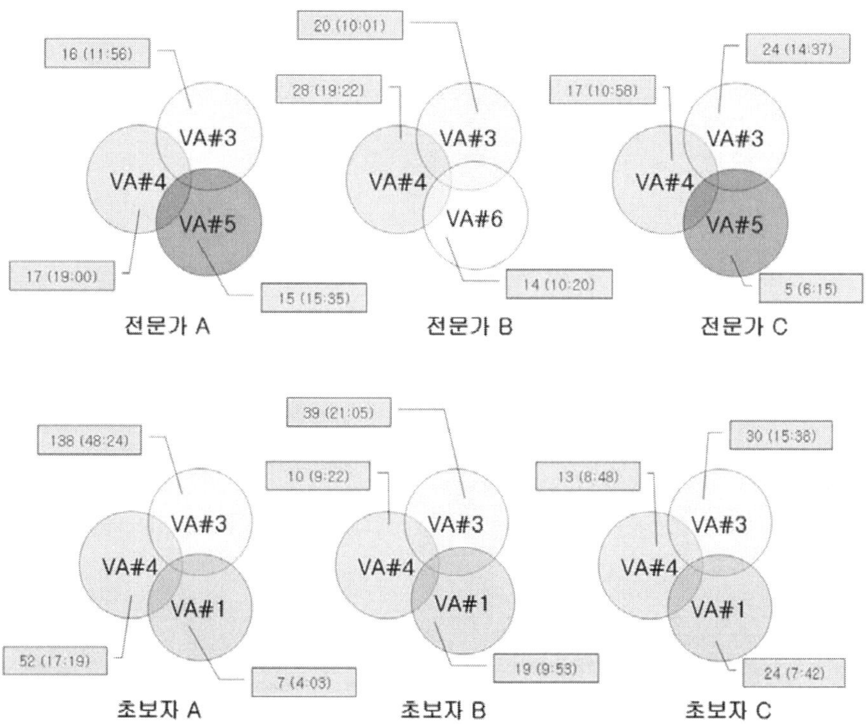

시각화 속성(Visual Attribute) | 에피소드수(분:초)

VA#1 단순시각화 (Simple Visualizing)
VA#2 부가적 시각화 (Appendant/assistant Visualizing)
VA#3 선택적 시각화 (Selective Visualizing)
VA#4 개념적 시각화 (Visualizing with the conceptualization)
VA#5 전략적 시각화 (Strategic Visualizing with analogy&metaphor for teaching)
VA#6 설명적 시각화 (Visualization with rehearsal for teaching)

[그림 8-3-2] 비주얼 속성 패턴 시각화 사례 (허균, 2006)

❸ 코딩 기반 다이내믹 모형 시각화 (Coding based Dynamic Model Visualization)

코딩 결과를 기반으로 인터뷰의 인과 관계나 개념들 사이의 인과관계, 역동적 관계, 변화 관계 등을 시각화해 보자. 이는 복잡한 개념이나 절차 등의 연구 과정을 한 번에 요약해 주고 깊이 있는 이해를 높이는 자료가 되기도 한다. 아래 그림은 허균(2006)의 언어정보의 시각화 과정 논문에서 속성을 시각화한 사례이다. 해당 모형은 전문가의 시각화 과정을 코드화하여 다이내믹한 모형으로 시각화한 예이다.

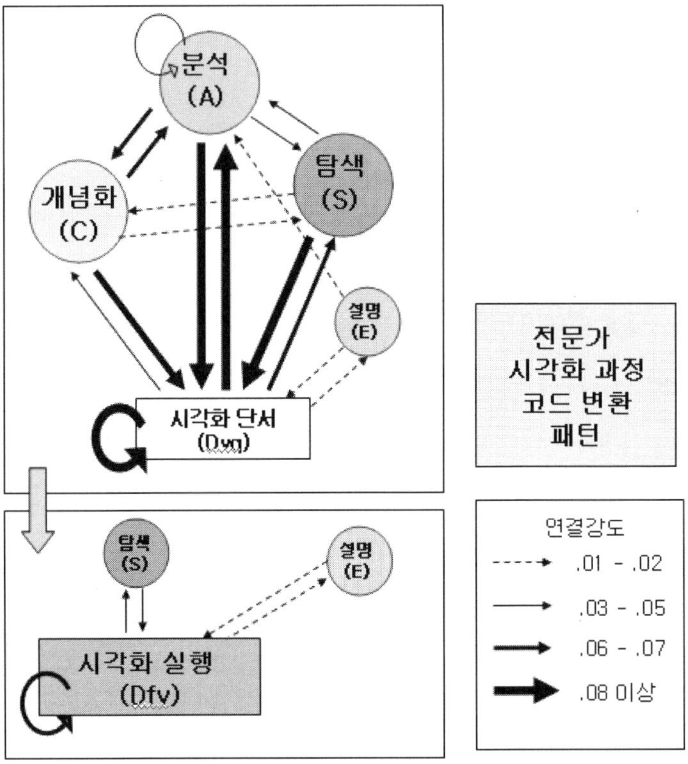

[그림 8-3-3] 시각화 모형화 과정 예시(허균, 2006)

❹ 메타 시각화(Meta Visualization)

여러 시각화 결과물들을 하나로 묶어서 설명하는 메타 시각화를 해 보자. 여러 가지 코딩 결과, 속성 시각화 결과물, 역동적 과정 모형, 그림자료, 문서자료 등이 있다고 한다면 이들이 어떠한 관계가 있는지 하나로 시각화해서 보여주면 연구의 전체적인 맥락을 잡는데 도움이 된다. 이는 복잡한 개념이나 절차 등의 연구 과정을 한 번에 요약해 주고 깊이 있는 이해를 높이는 자료가 되기도 한다. 아래 그림은 허균(2006)의 언어정보의 시각화 과정 논문에서 속성을 시각화한 사례이다. 해당 모형은 전문가의 시각화 과정을 코드화하여 다이내믹한 모형으로 시각화한 예이다.

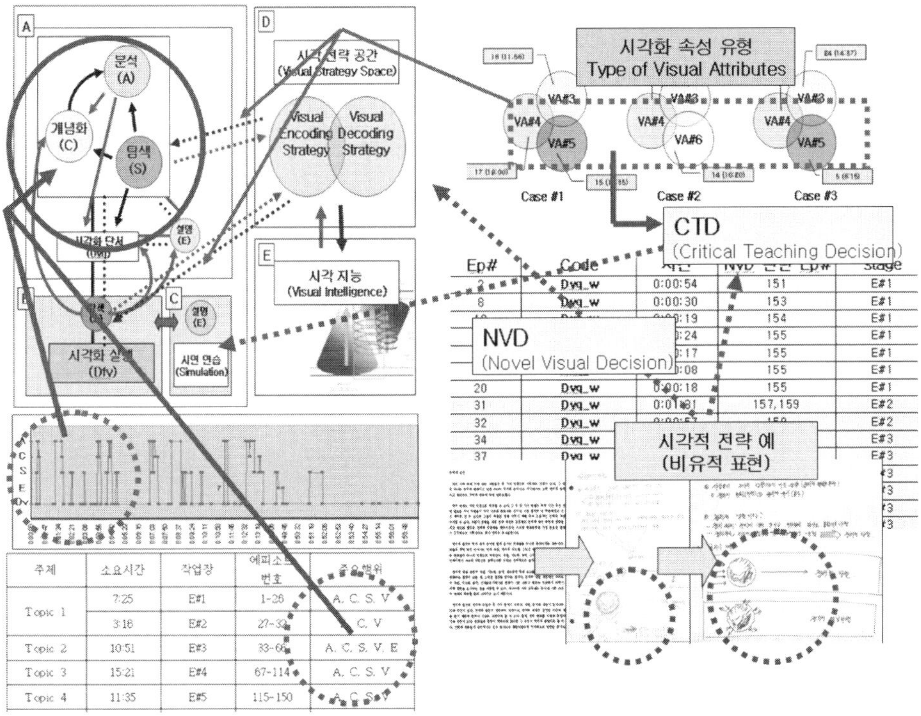

[그림 8-3-4] 메타시각화 예시(허균, 2006)

❺ 이론 시각화(Theory Visualization)

자신만의 이론을 제안한다면 이를 시각화된 이론으로 나타내어 보자. 다양한 시각화 중 연구에서 가장 핵심은 연구자가 표현한 이론적 모델의 시각화라고 할 수 있다. Strauss와 Corbin(1998)은 근거이론을 통해 모형화 하는 것을 제안하였고, 7장의 여러 논문들의 시각화 예시 자료를 참고하면 좋겠다. 아래 그림은 허균(2006)의 언어정보의 시각화 과정 논문에서 제안된 이론을 시각화한 사례이다.

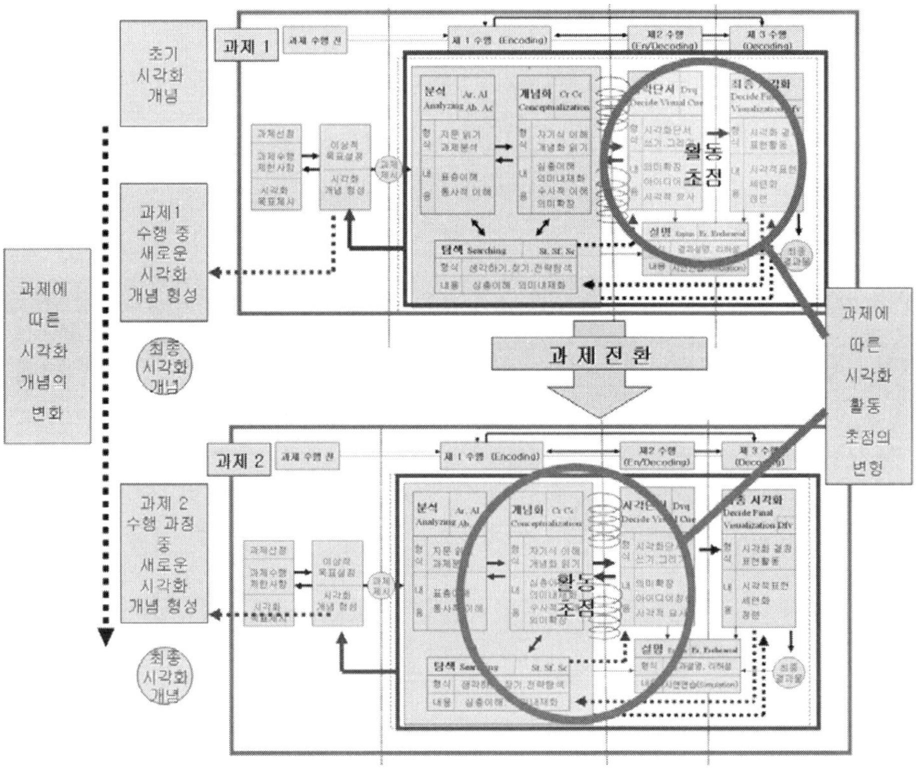

[그림 8-3-5] 언어정보의 시각화 과정에 대한 이론 시각화 예시(허균, 2006)

❻ CAQDAS 도구 활용 시각화(Visualization using CAQDAS Tools)

NVivo와 같은 질적연구 도구를 이용하고 있다면 손쉽게 시각화 도구를 제공하고 있다. 일반적으로 위계적 차트, 일반차트, 워드크라우드, 네트워크 시각화 등을 제공하고 있다. 이중 위계적 차트와 워드클라우드를 위주로 살펴보자.

여러분이 코딩한 내용을 위계적 차트로 제시해 보자. 위계적 차트라고 하니 개념이 잘 안 올 수도 있어서 주식시장에서 자주 인용이 되는 차트를 아래에 소개하였다. 이와 같은 차트 형식으로 여러분의 코딩 결과들을 시각화해 보자. NVivo나 CAQDAS 도구를 활용하면 쉽게 시각화할 수 있다.

최근 투자 열풍이 불면서 아래 그림과 같은 미국 주식 차트를 본 경험이 있을 것이다. 아래의 위계적 차트는 미국 주식을 S&P 500 티커별로 주가 상승,하락을 비율(%)로 볼 수 있다. 해당기업의 면적이 넓을수록 시가총액이 큰 업체이다. 주가 상승 및 하락에 따라 짙은 붉은색일수록 하락폭이 큰 것이고, 반대로 짙은 녹색일수록 상승폭이 큰 것이다. 전체시장 및 각 해당 업종/테마의 영역기준 및 등락률 상태를 한눈에 보실 수 있습니다.

출처: https://finviz.com

NVivo를 활용하면 클릭 몇 번 만으로 여러분이 코딩했던 내용들을 지도 형태의 위계적 차트로 나타낼 수 있다.

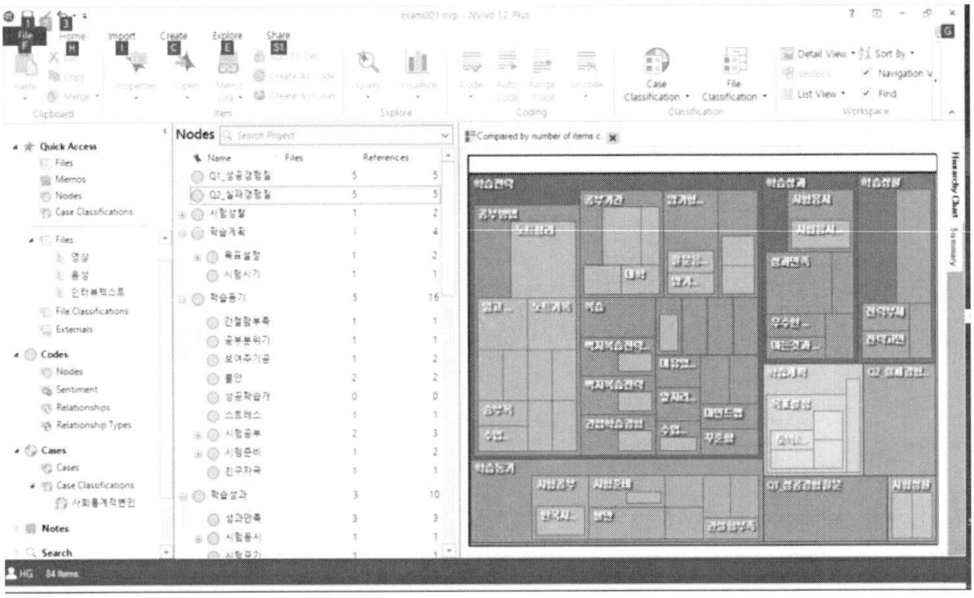

차트를 자세히 보면 색깔별로 다른 위계가 담겨져 있고 색깔 정도에 따라 다르게 된 것을 볼 수 있다.

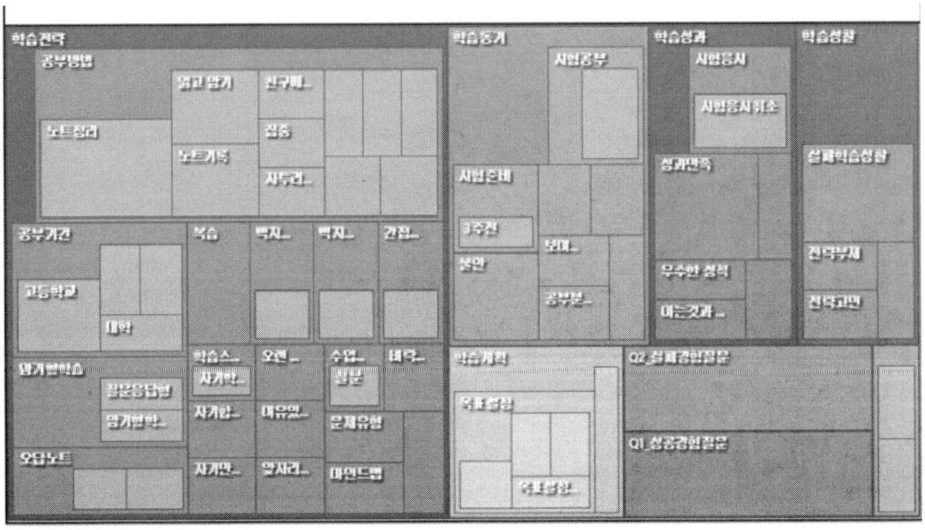

이들을 색깔별로 분류를 해 보자.

보라색은 학습전략, 공부방법, 노트정리 등과 같은 학습전략과 관련된 다양한 코드들을 나타내고 있다. 주식 차트와 같이 넓이가 코드가 차지하고 있는 비율 정도로 생각할 수 있다.

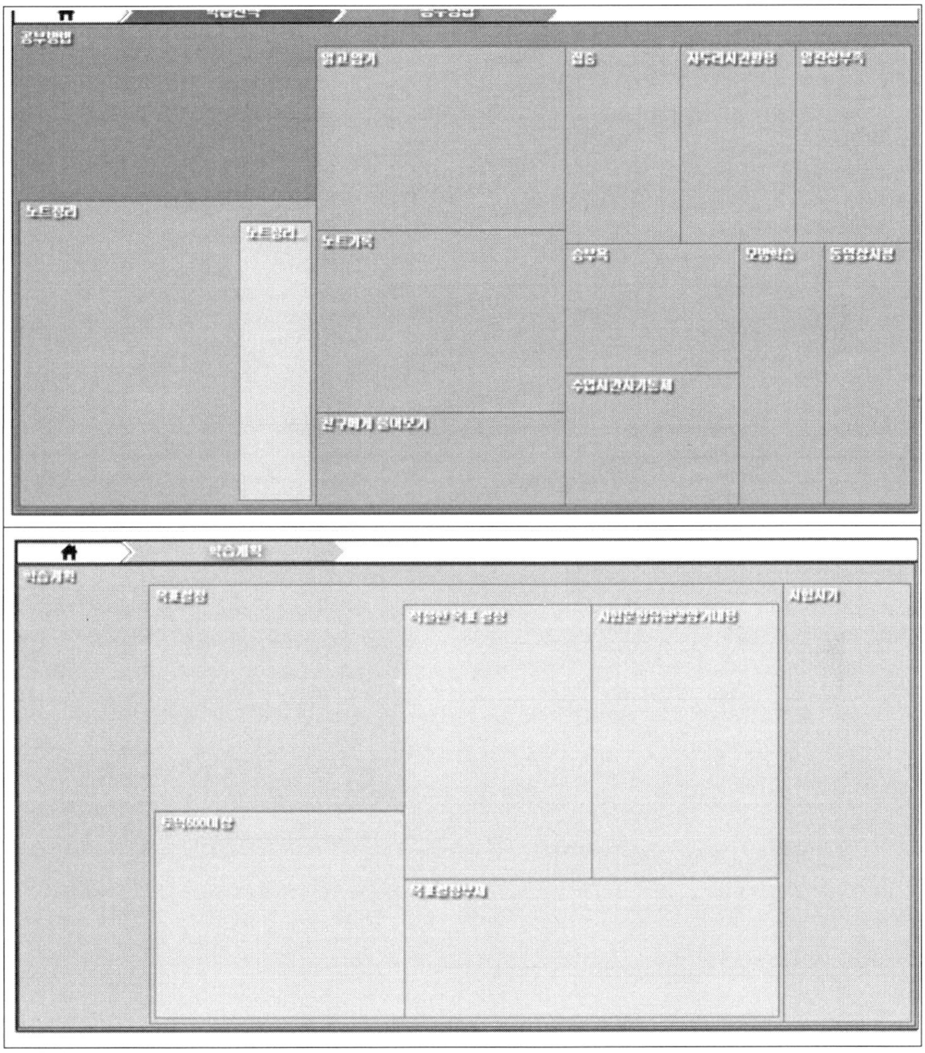

갈은 방식으로 다른 색도 살펴보자.

붉은 색은 학습 성과를, 녹색은 학습동기를 나타내고 있다.

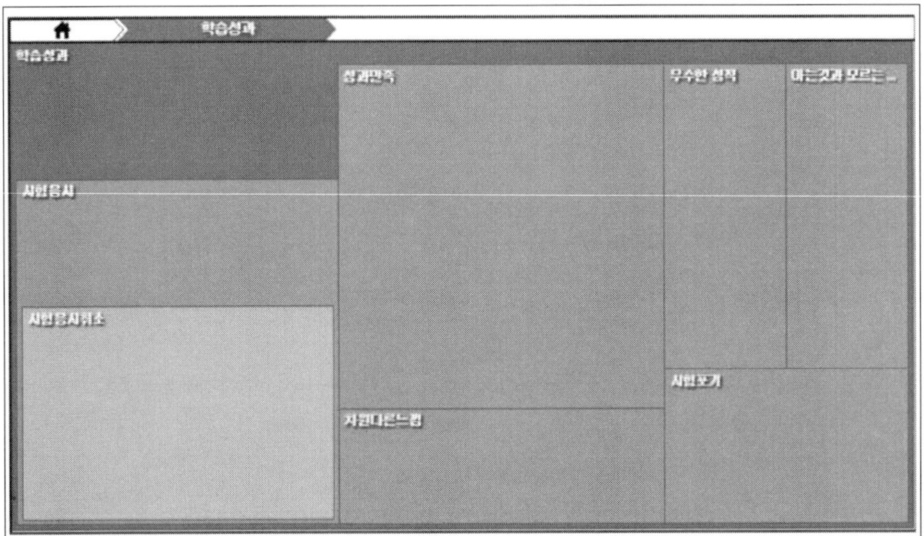

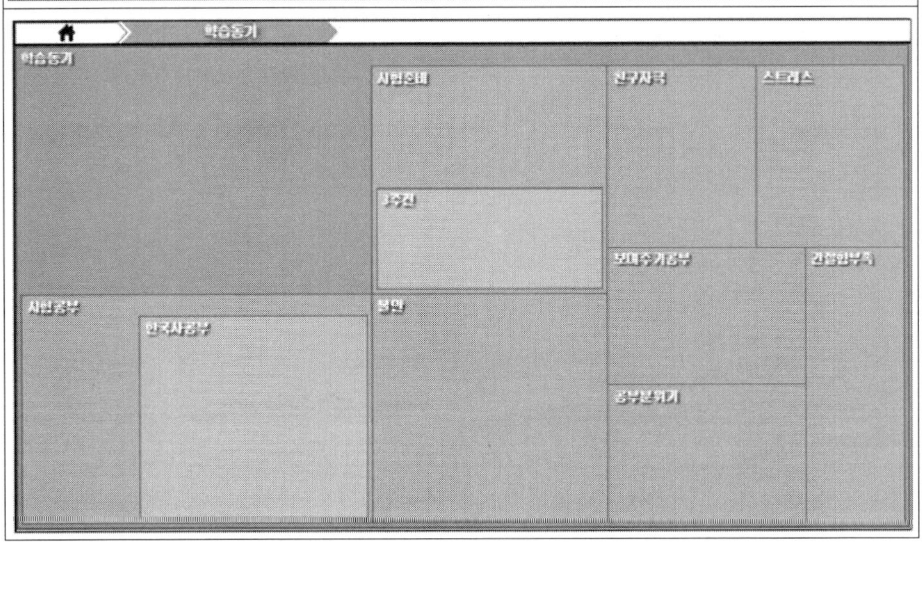

NVivo를 활용하면 클릭 몇 번 만으로 여러분이 코딩했던 내용들을 위계적 원형 차트 형태로도 쉽게 변환할 수 있다.

코드의 빈도, 분포 등에 대해 직관적으로 알 수 있으며, 영역이 다른 코드는 다른 색깔로 나타나는 것을 확인할 수 있다.

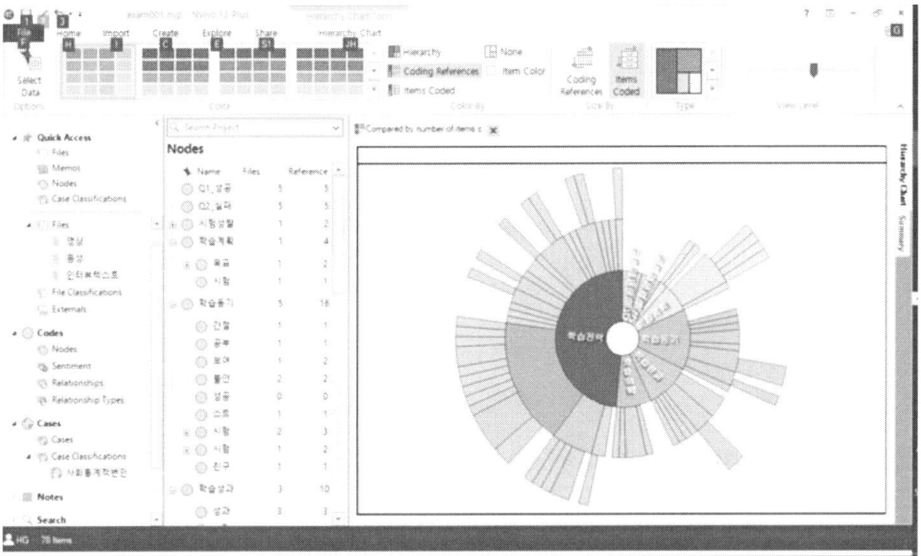

다양한 옵션을 선택한 예를 아래 그림에 나타내었다. 자신의 연구 목적에 맞게 적절히 활용하자.

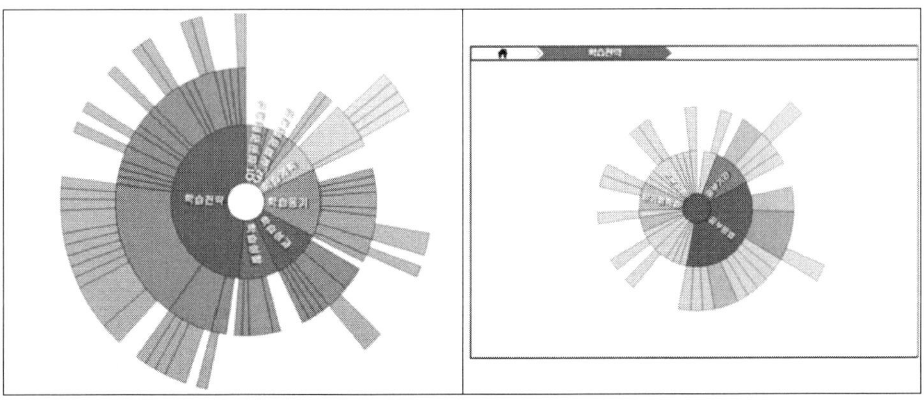

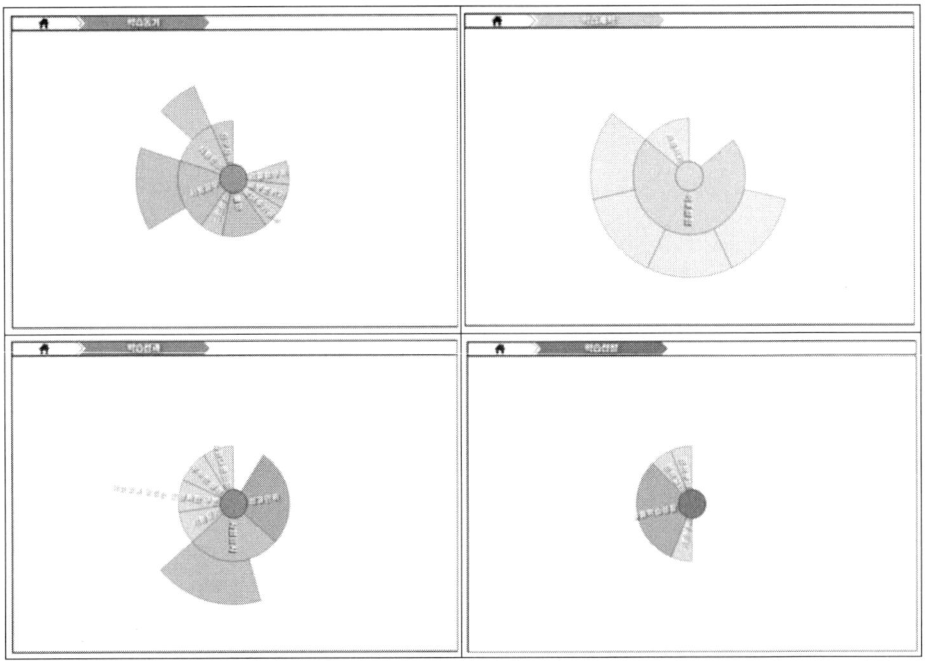

NVivo에서 제공해 주는 다양한 시각화 옵션을 적극 활용하자. 성별 속성에 따라 차트를 그린다거나 워크크라우드로 노드의 빈도수를 나타낸다거나 등의 다양한 시각화 표현이 가능하다.

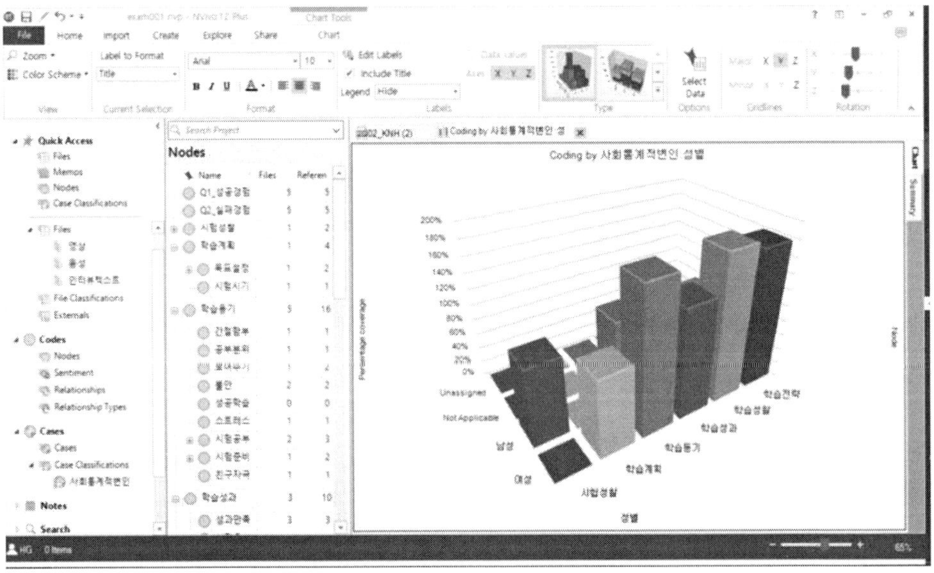

성공적인
벼락치기를
고등학교
이야기해
600점

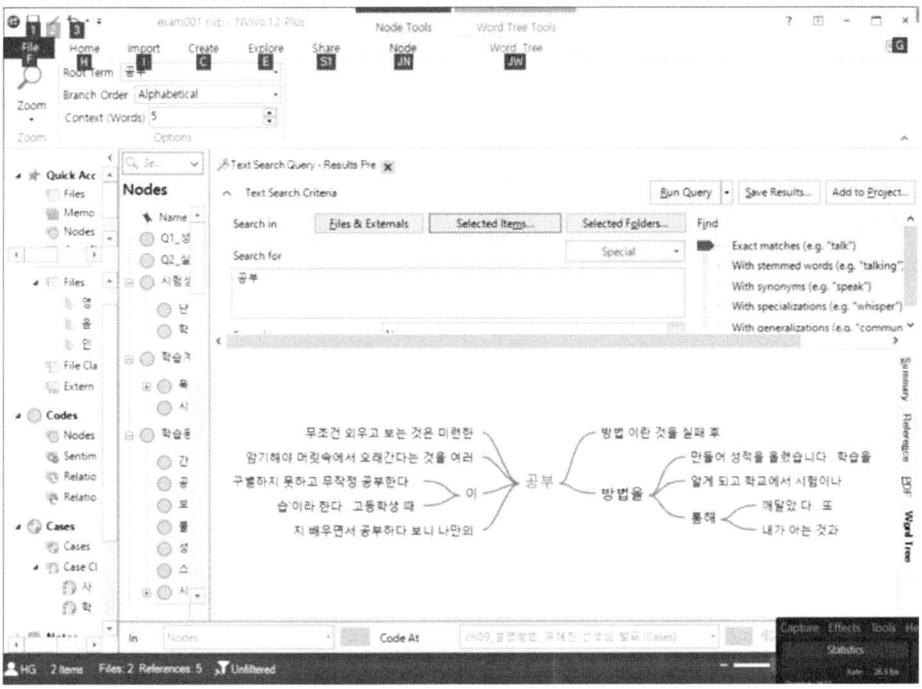
Text Search Query - Results Preview
Text Search Criteria
Run Query
Save Results...
Add to Project...
Search in
Files & Externals
Selected Items...
Selected Folders...
Search for
공부
Exact matches (e.g. "talk")
With stemmed words (e.g. "talking")
With synonyms (e.g. "speak")
With specializations (e.g. "whisper")
무조건 외우고 보는 것은 미련한
암기해야 머릿속에서 오래간다는 것을 여러
구별하지 못하고 무작정 공부한다
습'이라 한다. 고등학생 때
지 배우면서 공부하다 보니 나만의
이
공부
방법 이란 것을 실패 후
방법을
만들어 성적을 올렸습니다. 학습을
알게 되고 학교에서 시험이나
통해
깨달았 다. 또
내가 아는 것과

연구아이디어 1

○ 연구주제 :

○ 관련연구 및 이론 :

○ 연구방법/통계분석방법 :

○ 예상결과 :

8장 요약

코딩 빈도수 나타내기

수집한 자료의 코딩 빈도수 기본 보고

매트릭스로 나타내기

비교, 패턴 파악, 경향 파악, 일관된 배열 등을 통해 데이터들의 요약정보를 제공

시각화 하기

❶ 작업내용이나 물리적 자료의 시각화(Working Visualization)
❷ 코딩 과정이나 차원 및 속성들의 시각화 (Attribute Context Visualization)
❸ 코딩 기반 다이내믹 모형 시각화 (Coding based Dynamic Model Visualization)
❹ 메타 시각화(Meta Visualization)
❺ 이론 시각화(Theory Visualization)
❻ CAQDAS 도구 활용 시각화(Visualization using CAQDAS Tools)

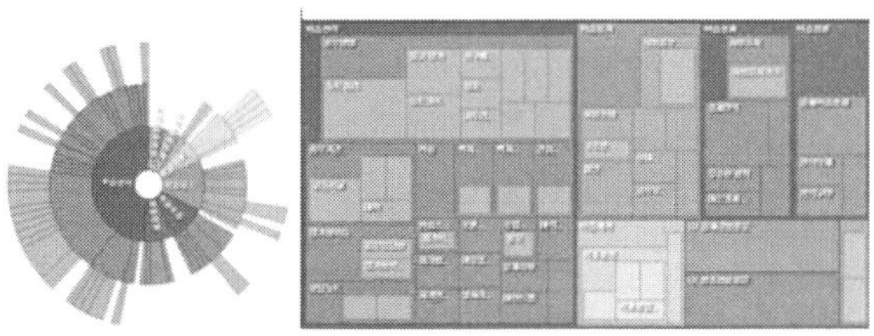

8장 연습문제

1. 본인이 분석한 코딩 결과를 빈도수로 나타내고 보고서 양식으로 작성하시오.

2. 코딩한 결과를 다양한 검색 식을 통해 매트릭스로 나타내시오.

3. 이론시각화나 메타시각화를 통해 자신의 연구결과를 나타내시오.

메 모

참고문헌

강성욱, 부경순, 심영택, 양갑렬, 오세규, 이경화, 이혁규, 임진영, 허영식 역 (2005). 교사를 위한 실행 연구. 서울: 우리교육.

김미영 (2001). 치매노인을 돌보는 간호사의 경험 과정. 이화여자대학교 박사학위논문.

김보윤 (2021). 스마트기기를 통한 초등학생의 디지털 활동 경험에 대한 현상학적 연구. 한국교원대학교 석사학위논문.

김석우, 최태진 (2007). 교육연구방법론. 학지사.

김진필 (2012). 체육 교사의 교육과정 재구성 경험에 대한 내러티브 탐구. 한국교원대학교 석사학위논문.

김향란 (2021). 중등학교 남성 교사의 은퇴 후 삶의 경험에 대한 현상학적 연구. 한세대학교 박사학위논문.

나일주 (2010). 교육공학 관련 이론(개정판). 서울: 교육과학사.

남창우, 김지경, 최정아 (2020). 예비교사 교육에서 디자인 사고(Design Thinking) 기반 학술활동 수업 사례연구: 근거이론을 중심으로. 교사교육연구, 59(3), 399-412.

네이버사전 (2009) [Online available] http://naver.com

문만기 (2020). SNS 중독경험에 대한 근거이론 연구 -인물감평이론을 중심으로-. 다문화콘텐츠연구, 33, 161-187.

문지영 (2021). 행복초등학교 밀레니얼 세대 교사에 관한 문화기술지 연구. 한국교원대학교 석사학위논문.

박정애, 진영정 (2020). COVID-19 상황에서의 화상독서치료 참여 경험에 대한 질적 사례연구, 독서치료연구, 12(2) 63-100.

박휴용 (2014). 초보 연구자를 위한 질적연구 방법론. 전북대학교 출판문화원.

백순근 (2005). 학위논문 작성을 위한 교육연구 및 통계분석. 교육과학사.

성태제 (2006). 교육연구방법의 이해. 서울: 학지사.

성태제, 시기자 (2006). 연구방법론. 서울: 학지사.

송정희 (2017). 지역사회 정신보건을 실천하는 정신건강의학과 전문의의 프로티언 경력개발 과정 탐색. 숭실대학교 박사학위논문.

신경림 (2003). 현상학적 연구의 이론과 실제. 간호학탐구, 12(1), 49-68.

신원섭, 신동훈 (2021). 온라인 학습에서 머신러닝을 활용한 초등 4학년 식물 분류 학습의 적용 사례 연구. 초등과학교육, 40(1), 66-80.

어덩통갈락 (2021). 몽골 결혼이주여성의 사회문화 적응에 대한 문화기술지 연구. 대구대학교 석사학위논문.

우소연 (2020). 우수 육상지도자의 삶과 경험의 교육적 가치에 관한 내러티브 연구. 학습자중심교과교육연구, 20(21), 985-1013.

유승오 (2019). 교사의 거꾸로 수업 경험에 대한 질적 사례연구. 전북대학교 박사논문.

이동성 (2012). 질적 연구와 자문화기술지. 파주: 아카데미프레스.

이슬, 정다진 (2021). 발레 실기 수업에서의 플립러닝 경험을 통한 현상학적 탐색. 우리춤과 과학기술, 17(1), 99-120.

이용숙, 김영천, 이혁규, 김영미, 조덕주, 조재식 (2006). 교육현장 개선과 함께하는 실행연구방법. 서울: 학지사.

이호준 (2020). 성인 남녀의 홈 트레이딩에 관한 내러티브 탐구. 서강대학교 석사학위논문.

장현용 (2019). 온라인 교육 수용 환경에서 시니어들의 디지털 행동 이해: 근거이론 적용. 전남대학교 박사학위논문.

장현용, 박상철, 고준 (2020). 온라인 교육 수용 환경에서 시니어들의 디지털 행동 이해: 근거이론 적용. 지식경영연구, 21(2), 77-100.

정성헌 (2021). 문제중심학습(PBL) 기반 한국어교재론 수업 사례 연구. 국어교육연구, 75, 189-222.

정채화 (2016). 소셜미디어 이용자들의 온라인 기부문화와 집단지성에 대한 문화기술지 연구 : 피에르 레비(Pierre Lévy)의 '집단지성' 논의를 중심으로. 중앙대학교 석사학위논문.

조용환 (1999). 질적연구: 방법과 사례. 서울: 교육과학사.

조흥식, 정선욱, 김진숙, 권지성 역 (2015). 질적 연구방법론: 다섯 가지 접근. 서울: 학지사.

한유리 역 (2017). 질적 연구의 30가지 노하우. 서울: 박영스토리.

허 균 (2006). ICT 활용교육을 위한 언어정보 시각화 과정의 프로토콜 분석 연구. 서울대학교 박사학위논문.

허 균 (2010). 교육 연구방법의 이론과 실제. 서현사.

허 균 (2019). 일반계고 학생의 졸업 후 진로에 영향을 미치는 요인에 대한 분석. 2019 부산교육종단연구 정책연구과제 최종보고서.

허 균 (2021). 멀티미디어교육론. 부경대학교 출판부.

APA (2000). Publication manual of the american psychological association(4th ed.). Washington: APA.

Charmaz, K. (2014). Constructing Grounded Theory. Los Angeles: Sage.

Clandinin, D. J., & Connelly, F. M. (2000). Narrative inquiry: Experience and story in qualitative research. San Francisco: Jossey-Bass Publishers.

Creswell, J. W. (2010). Mapping the developing landscape of mixed methods research. In A. Tashakkori & C. Teddie (Eds.), Handbook of mixed methods in social & behavioral research (2nd ed.) (pp. 45-68). Thousand Oaks, CA: Sage.

Creswell, J. W. (2015). 30 Essential skills for the qualitative researcher (1st ed.). SAGE Publication, Inc.

Creswell, J. W. (2013). Qualitative Inquiry & Research Design: Choosing among Five Approaches (3rd ed.). Thousand Oaks, CA: SAGE.

Gall, J. P., Gall, M. D. & Borg, R. (1999). Applying Educational Research: A Practical Guide(4th ed.). New York: Longman Publisher.

Glaser, B. G. (1978). Theoretical sensitivity: Advances in the methodology of grounded theory. Mill Valley, CA: Sociology Press.

Kerlinger, F. N. (1986). Foundations of behavioral research. NY: Holt, rinehart and Winston.

McMillan, J. H. & Schumacher, S. (2006). Research in education: evidence-based inquiry. Pearson.

Miles, M. B., & Huberman, A. M. (1994). Qualitative data analysis(2nd ed.). Sage publications.

Miles, M.B., Huberman, A.M., & Saldana, J. (2014) Qualitative Data Analysis: A Methods Sourcebook. Sage, London.

Mills, G. (2003). Action research: a guide for the teacher researcher(2nd ed.). Prentice Hall.

Saldana, J. (2013). The Coding Manual for Qualitative Researchers (2nd ed.). London: Sage.

Smith, N. L. (1987). Toward the justification of claims in evaluation research. Evaluation and Program Planning, 10, 209-314.

Strauss, A., & Corbin, J. (1998). Basics of Qualitative Research: Techniques and Procedures for Developing Grounded Theory. Thousand Oaks, CA: Sage Publications, Inc.

https://blog.naver.com/qualresearch

https://dlibary.go.kr

https://finviz.com

https://irb.or.kr/menu01/summary.aspx

https://irb.or.kr/UserMenu01/Exemption.aspx

https://lii.org

https://nanet.go.kr

https://RISS4U.net

https://scholar.google.com

https://vlib.org

https://www.ipl.org

https://www.reserchnavigator.com